JN069959

香港
あなたはどこへ
向かうのか

阿古智子
Tomoko Ako

出版舎
ジグ

目次

3 マスクとメディアと言論 87

4 「敵」はどこにいるのか 119

5　批判的思考と教育の中立性　141

6　分断される社会　187

「理解は重要だが、人間が共感に基づいて理解することは容易ではない。現代の都市生活において、多くの人が孤独に生きている。孤独の原因は、他者への理解と配慮の欠如だ。では、どうすれば効果的に理解できるのか。それを達成するのが難しいのはなぜか」

「私たちが一般的に考える共感とは、想像力によって達成される。他者に対するこの種の理解、つまり、想像による共感を機能させるには、前提条件がある。私たちが他者と同じように経験する必要があるのだ」

「しかし、視力が正常な人は失明した人の人生を理解できない。視力がない人は想像力を最大限使っても、カラフルな世界を想像できない。色という概念を共有しないからだ。この種の制限は、偏見や差別につながりやすい。理解していない人々や理解できない物事を異質なものとして扱うからだ。いや、そうした存在を無視することに慣れているのだ。人は皆、いつか死ぬことを知っている。ニュースで他人の死を知るし、親戚や友人の死も身近にある。しかし、死にゆく人々の苦しみを理解し、孤独と恐怖を共有することはできるのか。死に直接近づくという経験はほとんどできない。ではどうすればよいのか」

「他人の苦しみに直面して最も重要なのは、自分に理解を強要することではなく、自分が無力であると認めることだ。そして、家族や友人のそばに立ち、どんな状況でも共に歩もうと伝えるのだ」

「おそらくこれも一種の理解であろう」

周保松「理解之難及理解之必要」（理解の難しさと理解の必要）より
『小王子的領悟』（星の王子様の悟り）上海三聯書店、二〇一八年
阿古智子訳

はじめに

二〇一九年一二月、テレビから次々と流れてくる映像は、信じ難いものだった。

放水車が道路一面に、化学物質入りの色のついた水を撒き、人々は四方八方に逃げ惑う。重装備をした警察は、小さな子どもにまで狙いを定めているではないか。救護に入っているボランティアやメディアに対しても、見境なく、至近距離から催涙ガスの銃が向けられ、突然目を打たれた人は倒れこんだ。黒ずくめの服装で警察に応戦しているのは、中学生か高校生か。若者たちは、どこからかかき集めてきた竹の棒や鉄の仕切りでバリケードを築き、その内側から、道路を砕いて作った石の塊を警察に向かって投げている。いくつもの火炎瓶が飛ばされ、ところどころに炎が上がっている。

香港は戦場と化したのか。なぜ、こんなことになってしまったのか。これが私の住んでいた香港なのか。香港は私にとって、苦くて甘い青春の思い出が詰まった場所なのに。

私が香港に住み始めたのは、香港がまだイギリスの統治下にあった一九九六年七月。中国に主権が戻る一年前のことだった。

そして一九九七年六月三〇日の夜は、そういえば雨が降っていた。午前〇時、イギリスによる香港の植民地統治が終わると、香港の警官たちは帽子の王立香港警察のバッジを香港の区花・洋紫荊（バウヒニア）の花のついた新しいものに付け替え、英国旗「ユニオン・ジャック」を下ろした。七月一日、中国の国歌に合わせて中国の国旗が掲揚された。チャールズ皇太子、江沢民国家主席、トニー・ブレア首相、李鵬国務院総理の出席の下、行われた盛大なセレモニーが終了し、香港特別行政区政府が成立した。駐香港イギリス軍は撤退し、代わりに中国大陸から人民解放軍駐香港部隊が駐屯することになった。

香港大学教育学部の大学院生だった私は、七月一日、NHKの香港支局で臨時のアルバイトをしていた。重要な歴史の一ページに立ち会えたような気がしたのか、高層のオフィスビルが立ち並ぶ中環（セントラル）の公衆電話ボックスから大阪の父に、「お父さん、香港が中国に返還されたね。今式典が終わったよ！」と電話したことを覚えている。二三年前はまだ街の至る場所に、公衆電話があった時代だ。私は携帯電話を持っていたが、手のひらより大きなノキア製のものだった。一番安い契約だったので、もっぱら受信専用。国際電話など、めったにかけたことがなく、父とは手紙やハガキでやり取りしていた。一言でも現場の生の声を伝えたいと、よほどの思いでコインを握りしめ、公衆電話を使ったのだろう。

　第一次アヘン戦争でイギリスの圧倒的な軍事力に屈した中国（当時の清国）は一八四二年、南京条約を結び、香港島をイギリスに永久に割譲することに合意、一八六〇年には第二次アヘン戦争（アロー戦争）の講和条約、すなわち北京条約によって、九龍半島の南端が割譲された。さらに一八九八年には、香港島への水の供給などの対策で、イギリスは中国から新界を九九年期限で租借した。

　一九八二年九月、イギリス首相のマーガレット・サッチャーが中国を訪問した。同年六月にフォークランド紛争でアルゼンチンに勝利して自信をつけていたサッチャー首相に対し、鄧小平は、「香港はフォークランドではないし、中国はアルゼンチンではない」と激しく応酬し、イギリスが香港返還に応じないなら武力行使や水の供給停止も辞さないことを示唆した。新界のみの返還を検討していたイギリスは、その後の中英交渉において、香港島と九龍半島の返還をも求める鄧小平に押され、折れる形となった。

　一九八四年一二月一九日、中英共同宣言が発表され、一九九七年七月一日に香港の主権を中国（中華人民共和国）に返還し、香港は中国の特別行政区となることが明らかにされた。

　この宣言には、「高度の自治」が明記され、中国政府は二〇四七年までの五〇年間、香港に対して「一国二制度」を実施することとなった。つまり、香港は中国の一部となったが、外交・軍事を除く分野においては、中国とは異なる制度が適用される。香港は資本主義を採用し、特別行政区として独自の行政、立法、司法権を有し、通貨やパスポートの発行権も維持できる。この制度の下で、香港には、言論・報道・出版の自由、集会やデモの自由なども保障されるはずだった。
しかし、香港の憲法にあたる「特別行政区基本法」（香港基本法）は、一九八五年の全国人民代表大会（全人代）が起草委員会を設立し、一九八九年の天安門事件を経た一九九〇年四月四日、やはり全人代によって制定された。この「憲法」の解釈や改正の権利、政府高官の任命権も全人代が握っている。

中国は社会主義国だ。おまけに一党が支配する、政治的自由の極めて限られた国である。不安を抱えた人たちは返還を前に、イギリス連邦内のカナダやオーストラリアなどへ移民した。しかし、香港居住者のほとんどが、元々は中国から渡ってきたのであり、祖国との新たな関係に思いを膨らませている人も少なくなかった。返還当時、経済が好調だった中国との関わりはチャンスに満ちていると捉えていた人もいるだろう。日本の企業関係者も数多く駐在したり出張で訪れたりしており、私が香港にいた一九九〇年代後半〜二〇〇〇年頃は、実に多くのビジネスや学術関係の会合が開かれていた。

私は当時、将来の仕事として、国連やＮＧＯでの発展途上国の開発援助を考えていた。その準備のために、アメリカの大学院に行くか、フィールドワークや中国語の力を伸ばせる中国に行くかで迷ったのだが、結局、中国に行くことに決め、ロータリークラブの奨学金を申請し、運良く選考を通過した。しかし、ロータリークラブの中国支部は上海に立ち上がったばかりで、中国語圏の留学先は、シンガポール、台湾、香港から選ばなければならず、「台湾に度々渡航していると中国政府から目をつけられる」と耳にはさんだ私は、シンガポールはフィールドから遠いと悩んだ挙句に、香港留学を決めたのだった。

留学の準備のため、初めて香港を訪問したのは、一九九五年だっただろうか。

私は大学院で中国の社会変動を研究しており、言葉は北京語しかできない。広東語を話す香港の人たちと交流するのは正直、心細かった。一九九四年から、中国の湖南省で教育援助を行う団体に参加し、フィールドワークをしていたのだが、その関係で知り合った友人に、香港人の張さんを紹介してもらい、その初めての香港旅行では張さんの家に泊めてもらった。張さんは「苗圃行動」という香港の団体で活動していた。「苗圃行動」も中国大陸の貧困地区で教育援助を行っている団体で、香港から中国まで、長距離を歩いて募金活動を行うことで知られていた。中国と関わりのある香港人なら、北京語も話せるし、共通のテーマもある。私はワクワクしながら鉄道で広東省を経由し、香港に入った。

しかし、私としたことが、張さんの家に着いた日の夜に熱を出し、そのまま寝込んでしまった。翌日目を覚ました時には昼を過ぎていて、張さんはすでに出勤し、家にいた彼女の娘がちょうどインスタント麺を作って食べようとしているところで、「一緒に食べる?」と私にも作ってくれた。

シングルマザーの張さんが娘と二人で暮らす公共団地は、狭い香港の家の中でもさらに狭かったが、彼女たちは、私のためにベッドをあけてくれたのだ。中国の山奥から香港にやって来たその日本人は、初対面のその夜から高熱でうなされている。今振り返っても、よく受け入れてくれたと思う。

元気になってから、張さんは香港人の友人たちとの会食に連れて行ってくれた。古いビルの奥まった一室を改造した、見た感じは汚らしいレストランなのだが、新鮮な海産物の刺身やニンニクソースで炒めた大きなホタテ貝など、次から次へと大皿の美味しい料理が出てくる。大きな海老の料理は皿に残ったソースを最後に麺に絡めて食べる。コンデンスミルクにつけて食べる揚げた饅頭（マントウ）には、「こんなに美味しいものがこの世にあるのか」と頬っぺたが落ちそうになった。

そういえば、私は教育援助とフィールドワークで中国の湖南省や寧夏回族自治区を度々訪れていたが、しょっちゅう、お腹を下したり、熱を出したりしていた。五〇歳近くなった今では、中国でのフィールドワーク中に少しでも体調を壊すと、すぐに医者に診てもらい、さまざまな薬を試すけれど、若い頃はしっかり眠り、美味しい食べ物と手持ちの少量の薬、人のやさしさで体調を取り戻し、つらいこともすぐに忘れて、次に向かっていたような気がする。

私は一九九八年から九九年の上海調査をのぞく三年間、九六年から二〇〇〇年まで、香港で生活した。

大学の教育は英語で行われるし、大学院生の仲間はほとんどが北京語を話す中国大陸からの留学生で、私には広東語を学ぶインセンティブも余裕もなかった。今も簡単な日常生活の広東語しかわからない。つまり、私が香港で交流していたのは、大学の友人やその関係者で英語ができる人、中国大陸から来た人たちが中心だった。サラリーマンをしている香港人の友人も数多くいたが、彼らが広東語でワイワイと議論する中に、どっぷりと入ったことはなかった。会話に入る時は、通訳してもらわなければならないから、時々、遠慮がちにしか発言できない。友人曰く、香港の人たちは冗談が好きで、地元ならではのネタやスラングも多いという。広東語での会話は実に楽しそうだった。

せっかちで儲けに貪欲だとされる「大阪人」の私でも、香港で暮らし始めてみると、効率と利益を追求する香港人には驚きの連続だった。エスカレーターは速すぎて、最初は、飛び乗って飛び降りる感じだったし、信号は色が変わるとすぐに「タタタタ」とけたたましい音が鳴り響き、また色が変わる。建物と建物の間や道路にせり出している樹木をすり抜けて走る二階建てバスが、巨体を揺らしながら狭い山道を急スピードで上り下りするのにも、初めて目の前で見た時は、開いた口が塞がらないぐらいびっくりした。挙手や声かけでどこにでも停車してくれるミニバスは、ちょっともじもじしている間に通り過ぎてしまう。私自身は、穏やかな「大阪人」なのだが、東京で暮らし始めた頃は、道ゆく人たちの歩く遅さや、エスカレーターで立ち止まっている人にイライラしたものだった。そんな私が怖気付いたほど、香港のスピードは速いのである。

香港の旧正月の最もポピュラーな挨拶は、「恭喜発財」だ。日本風に訳せば「あけましておめでとう」だが、直接の意味は「金持ちになっておめでとう」（商売繁盛おめでとうございます）。「金玉満堂」（家の中が宝で満ちあふれますように）とか、「花開富貴」（花が開くように富が満ちあふれ金持ちになる）とか、金や富に関わる言い回しが多い。旧正月の休みに入る前に友人たちと連れ立ってよく行った花市には、香りの良い水仙、大きな花やつぼみをつけた桃、たわわに実をつけた金柑がところ狭しと並べられていた。広東語で金柑（ガムガッ）は、吉（ガッ）と同じ発音で、縁起が良いのだという。家に花があることは縁起が良いと、香港の人たちは新年を迎える前に花を買って家を飾る。

大阪人も驚くほどの香港人の「商売人」気質は、香港の経済政策によっても培われてきたと言えるだろう。香港政庁は規制を少なくし、税率を下げ、企業と住民にできるだけ自由に利潤を追求させることで経済を発展させた。イギリスの植民地時代、公平よりも効率が優先され、社会福祉などの支出を削った。返還から二〇年以上経ち、立法会（議会）で活発に社会保障政策が議論されるようになり、経済政策へのより積極的な介入や社会福祉予算の増加を求める住民の声も高まってはいる。しかし、富の分配はなかなか進まず、金持ちと貧困層の格差は驚異的な水準に達している。

私が学んだ香港大学は香港島にある。中華人民共和国香港特別行政区は、広東省の南の九龍半島北部（新界）と、南部（九龍）、ビクトリア湾をはさんだその対岸の香港島を中心に、ランタオ島他大小の島も含む。海が一望できる山頂辺りやミッドレベルの高級住宅街から、一番低い場所にある低所得者の集まる住宅街まで、さまざまな社会階層が暮らす香港島は、標高によって家賃や不動産の価値が変わるので、住み分けの構図がわかりやすい。

私は最初の二年、大学の寮で暮らし、中国と香港を行き来している間は友達の家や指導教官の家に泊めてもらい、最後の一年あまりは、大学から一五分ほど延々と坂道を下った標高の低い位置にある、所得の低い人口が集中する西環のアパートで生活した。そうした私の暮らしの生活風景と、留学生活の最初にお世話になった家族など、いわゆるお金持ちを通して見えた世界は、あまりにもかけ離れていた。

留学開始のため香港に到着した日は、私は奨学金をロータリークラブからもらっていたので、香港島のロータリークラブから、爽やかな若い夫婦が車で迎えにきてくれた。確か、中国から列車で入ったような記憶がある。今思えば、留学生を空港に迎えるのが普通だろうに、バックパッカーのような格好の私を駅で迎えた夫婦は、違和感もあったのではないだろうか。

大学の入寮手続きを済ませた後に、夫婦と子どもたちが暮らす家に連れて行ってもらった。香港島のミッドレベルにあるマンションのメインルームはほとんどガラス張りで海を見渡すことができ、広々としたリビングの床は大理石でピカピカしていた。この夫婦は時折、クルージングパーティーやホームパーティーに誘ってくれたが、私は大抵は緊張で凝り固まっていたことを思い出す。

――ずっと遠ざかっていた香港が、私の目の前に押し寄せてきて、毎日のように頭の中を駆け巡っている。夢の中にも香港の光景がしょっちゅう出てくる。テレビの見過ぎだろうか。デモ隊と警察が衝突する香港が、二〇〇万人とも言われる人たちがデモに参加する香港が、頭から離れなくなってしまった。

二〇一九年一一月二四日に区議会議員選挙で七〇％以上の有権者が投票し、民主派が圧勝した直後で、香港社会は安寧を取り戻しつつあるようにも見えた。私はあまのじゃくなのか、何か大きな出来事が起こっている最中は、なるべく距離を取ろうとしてしまう。香港についても、私があの騒動のど真ん中に入って、何か見ようとすることはないだろうと思っていた。それなのに、ふと、「行こう。行くなら今だ」と、何かに突き動かされるようにして、香港行きを決めた。

一二月五日の夜中のフライトで、六日の朝五時に香港に到着した。空港でざっと身支度を整え、大きな荷物だけ預けてから行動しようと、中環のホテルに向かった。バーが立ち並ぶ蘭桂坊エリアからほど近いところにある。

中環のホテルになんて、高くてこれまで泊まったことはなかった。私が泊まったのは簡素なホテルの狭い部屋だが、それでも普段は二万円ぐらいする。デモが過激化していて危ないというイメージが広がっているため、香港の観光客は激減し、値段が普段の三分の一になっていた。荷物だけ預けて出ようと思っていたら、フロントの人が「部屋はいくらでも空いていますから、どうぞもう使ってください」と鍵を渡してくれた。部屋が使えるならと小一時間ホテルで仮眠してから、友人が紹介してくれた油麻地（ヤウマーティ）にある日本語学校を訪れた。

日本語学校の校長の福ちゃんとその友人で日本人の永井さんは、朝早いにもかかわらず、笑顔で待っていてくれた。二人は最近の香港について知りたいという私の質問に一つ一つていねいに答え、二時間近くも話してくれた。永井さんは一歳にもならないお子さんを抱っこ紐で抱え、時折立ったり、座ったりして子どもを寝かしつけながら、こう話した（ご自分で企業を経営されている永井さんは、時々一番下の娘さんを連れて仕事に出ておられる）。

「私は仕事で一ヶ月に一度ぐらい日本に帰っているのですが、日本では〝香港は大丈夫か〟って聞かれてばかりです。大丈夫ですよ。私の家族は毎日普通に生活している。戦争みたいにしていたら生活なんてできない。今の香港を知っているのは、ここに暮らしている人間。新聞やネット、テレビの画面から伝わる内容で、香港はこうだと刷り込まれることが怖いのです」

一方、福ちゃんは「政治的な局面の変化に向かって頑張っているのです。市民の力で頑張るには限度がある。でも、果たせないことがあっても、自分たちの力で生み出せる希望、影響力、発信力があるはずなんです」と強調する。

これは二〇一九年一二月の会話だ。

戦場のように見える香港にどんな日常の暮らしがあるの？　香港の人たちが生み出そうとしている希望って？　ここで暮らす人たちが「伝わっていない」と、イラついてしまうのはなぜなのか。日本にいて、新聞やテレビ、ネットを見ているだけでは感じられないこと、見えてこないことは確実にあるのだろう。私は毎日のように、ソーシャルメディアで香港に関する映像や写真、文字情報を受け取っているが、そこに現れる事象はあまりにも複雑で、私の頭はこんがらがったままだった。香港に行こうと思ったのは、何がどのような背景の下で、どう伝わっているのかをもっと詳しく、深く理解したかったからだ。現場に行って話を聞いてみよう。さまざまな立ち位置にいる人たちが、何に悩み、苦しみ、今をどう捉え、未来をどう展望しているのか。私が香港で暮らしたあの頃を振り返りながら、そして日本にいる私を通して、今を生きる香港の人たちを通して、それを何としても知りたいという思いもあった。

この半年強の間、香港はあまりにも目まぐるしく変化し、私はそれをどのように受け止めればよいのか、悩み続けた。かつて生活していた香港の変容は、私の五感にもろに響く。その上、私は香港で生じている事象の多くを、中国と比較して見るようになっていた。しかし、香港は香港でなかったのか。いったい香港はどこへ向かうのか。悩む中で見えてきたもの、考えたことをこの本に記していきたい。

宏達傢俬公司
室內設計裝修
海洋

DENTISTRY
SOCIAL SCIENCES

1　スターリー・シスターズ

寮生活一九九六

一九九六年五月、香港に留学することが決まり、私はどこが担当部署かもよくわからないまま、香港大学の事務室に手紙を書いた。

——「私は奨学金をもらっても生活が厳しいので、一番安い学生寮に何としても入りたいのです」

大学間の協定で派遣されるわけではないし、手紙一通でまさか学生寮に入れるとは思っていなかったのだが、ほどなくして、「あなたは李國賢楼（Simon K.Y. Lee Hall）に入寮できます」と書かれた手紙が届いた。李國賢楼は香港大学のキャンパス内にあり、私が授業を受ける建物まで五分もかからない。利便性を考えれば最高の条件の学生寮だった。

香港大学の学生寮には学部生向けのものと大学院生向けのものがあり、ほとんどが学部生向けのものだ。私が「一番安い寮」を要求した結果、大学事務局が学部生向けの寮を紹介したのだと後で知った。李國賢楼には学部に入学したばかりの学生たちが住んでいる。日本で修士課程を修了してから香港に渡った私は、寮友たちとの年齢差が三〜七歳にもなる。二人一部屋で、若い学部生と背中合わせで勉強し、夜は隣り合わせのベッドで眠るのだ。

私のルームメートは、日本語専攻の学生だった。まだ拙い日本語しか話せなかった彼女は、私に話しかける時は緊張していたようだったし、私も何を話題に彼女と話せばよいのか戸惑うことが多かった。私は中国の貧困地域の農家でも生活できるぐらいだから、雑音なども気にはならないのだが、彼女は私に相当気を使っていただろうと思う。

「豚肉を市場で売って家族を養っている父に感謝してはいるけれど、父は女である私の意志をあまり尊重してくれないの。娘を息子と同等に扱っていないから」と彼女は話していた。苦労して肉体労働を続け、子どもを香港大学にまでやった親世代は働くことに必死で、「ジェンダー」なんて概念は持ってはいなかったのだろう。彼女は自分の目標のため、必死で勉強していた。

イギリス・スタイルの寮生活で時折行われる「ハイテーブル・ディナー」も、私には珍しかった。キャンパス内でも、ひときわ目立つ、歴史ある美しい煉瓦造りのメイン・ビルディングのホールで、学生と先生が一堂に会して食事をする。一般に、先生の着くテーブルが学生たちの着座するテーブルより一段高いところにあるので、「ハイテーブル」と呼ぶようだ。先生たちは黒いスカラーズ・ガウンを、学生は黒いスーツなどを着用する。より特別な時は、学生もガウンを着用する。私も黒のツーピースで参加し、ディナーを楽しんだ。

香港大学の授業は英語で行われていたが、寮の中では皆、広東語で話している。私がいると英語に切り替えてはくれるのだが、楽しそうな広東語の会話の中には入っていけない。その上、寮のさまざまな活動のほとんどが広東語で行われる。各フロアに「チーム」があり、「チームの歌」がある。私が住んでいた二階の寮生たちは「スターリー・シスターズ」（星の姉妹たち）というチーム名で、活動のたびにこのテーマソングを歌うのだが、大学院生の私には、振り付けのある歌はかわいらしすぎて、数回参加しただけで遠慮した。

フロアごとの活動の中でも、私は特に、毎週各人が順番で担当するスープ作りが好きだった（食べる側として！）。料理の本場で育った寮友たちが圧力鍋で作るスープは、シンプルだが美味しかった。広東料理のスープは、肉（大抵、骨つき）、魚介（乾物）、旬の野菜、乾物を組み合わせて作る。鶏の皮は剥ぎ、肉は下ゆでし、アクや汚れを取って煮込む。骨つき肉のほか、干し貝柱などの乾物からもよい出汁が出る。軸つきトウモロコシやレンコンなどの野菜も旨味が出るし、棗（ナツメ）、枸杞の実、キクラゲなどの乾物を入れれば、さらに滋養を強化できる。ぶつ切りにした材料と水を鍋に入れ、最初にアクや脂を何度か取り除き、あとは数時間じっくり煮込み、最後に塩で味をつけるだけで、実に味わい深いスープが出来上がる。

毎日家族に食事を作るようになり、中華料理のレパートリーも増えた今は、私も広東風スープを時々作るが、当時はスープ当番に何を作ればよいか全くわからなかった。香港で暮らし始めたばかりだったので、市場で生の魚や肉を捌いてもらうこともできない。スーパーで入手できるもので、何か日本のものを作ろうと考え、私が作ったのは味噌汁やカレースープ！　広東料理のスープの味の深さと比べたら、「このスープは味がしない」と思われたのではないかと、今でも、顔から火が出そうなぐらい恥ずかしい。

再会ランチ二〇一九

私の留学生活はこんな風に始まったのだが、今回香港を訪れ、かの李國賢楼の二階で共に過ごした「姉妹たち」と、実に久しぶりに再会することになった。

中国への犯罪人引き渡しを可能とする逃亡犯条例改正をめぐって、二〇一九年三月から抗議活動が拡大し、六月には参加者が二〇〇万人に上った。八月にはゼネストが、九月には国際空港での包囲や道路封鎖が行われ、それらに対する警察による強制排除の応酬が事態を激化させていた。

デモについてどのように考えているかを聞いてみたかったが、彼女たちには最初からそういった話はしないでおこうと考えた。メモを取ることも、録音をすることもしなかった。寮を出てから二〇年以上、会っていない人がほとんどで、彼女たちが現在どのような立場で何をやっているのかわからなかったからだ。仕事や家族の状況によっては、デモ支持と政府支持で対立しているかもしれない。

香港の人たちは大抵、英語名を持っている。友人たちも、皆、英語名で呼び合っていた。ジョセフィンとは二年前、日本に旅行に来た時に会っている。海外出張で飛び回るバリバリのキャリアウーマンだが、子どもはおらず、夫と二人で年に何回も海外旅行に出かける優雅な生活だ。彼女は寮生の頃から、いつも笑顔で私に話しかけてくれた。今もその愛くるしい笑顔は変わらない。ジョセフィンがテレサとアニーに声をかけてくれたが、テレサは教会の活動でランチには参加できなかった。アニーとは寮を離れて以来会っていない。

ジョセフィンが予約してくれたレストランは、地下鉄九龍駅に直結している新しいショッピングモール内のおしゃれな上海料理店。私が先に着き、少し遅れてジョセフィンが、そしてアニーがやってきた。なかなか戻らなかったアニーの記憶が、顔を見るとすぐに蘇った。実直で気さくな様子は、あまり変わっていない。今は二人の子どものお母さんで、ソーシャルワーカーとして働いている。

ジョセフィンは手早く、六品ほど入った冷菜のプレートと小籠包などの点心数品を注文用紙に書き込み、この店オリジナルの飲み物があると勧めてくれた。アニーはお茶を、私とジョセフィンは黒ゴマのジュースを頼んだ。心理学を学んだアニーは、問題を抱える夫婦へのカウンセリングを担当しているという。私に英語で説明しつつ、ジョセフィンとは広東語で会話している。

やがて、「トモコとは本当に久しぶりだけれど、今の香港をどう見ているの」とアニーが訊いてきた。私は「テレビやソーシャルメディアから流れてくる映像を見て、とても心を痛めているわ」と答えた。せっかく話題が変わったのだから、聞きたいことを質問してもよかったのだが、聞き役に回ろうと思ったのだ。アニーは続けて、「私は毎週のようにデモに参加しているのよ」と話し始めた。

「子どもも一緒に参加することもある。もちろん、私は抗議する側についているわ。私が参加するのは、デモに参加する若い人たちをサポートするためなの。ソーシャルワーカーのグループは毎回出ていって、若い人たちの悩みを聞いたり、カウンセリングを行ったりしているのよ」

一方のジョセフィンはFacebookでつながっていたが、デモや政治の話題の投稿は見たことがなかった。家族や友達との食事や旅行など、楽しい内容ばかりだったので、彼女はデモには賛同していないのではないかとなんとなく感じていた。彼女はアニーの話を受けて、こう話し始めた。

「私のことを〝薄い青色〟だなんていう人もいるけれど、そんなことはないのよ。私もデモに参加する若い人たちのことを想っている。香港にとって自由が重要であることもわかっている」

そうだったのか。ジョセフィンは公には立場を表しにくいだけだったのか。

香港では、政府支持派を「青」、デモ支持派を「黄」と色付けするようになっている。ジョセフィンは自らを「青」だとは認識していない。

やがて、アニーはとても険しい顔つきになり、デモの映像や写真を見せながらこう話した。

「私たちは常に監視されているのよ。誰にどんな風に撮影されているかわからない。それに、デモ隊のメンバーのふりをして、警察が紛れ込んだりもしているのよ。ヤクザたちが暴力を振るっているところもあった。私は自分のソーシャルメディアでの投稿にとても気をつけているし、友人とやり取りするのも暗号化されているアプリしか使用しないわ。中国のアプリを使えば、すぐに情報が漏れてしまう。中国から流れてくる情報は操作されていて、フェイクニュースであふれているの」

WhatsAppでの告白

ランチに参加できなかったテレサは、私が日本に帰国後、Facebookのメッセンジャーで連絡をくれた。

「あなたのFacebookを見たわ。多くの民主派の人たちと会ったのね。あなたは香港の民主と自由を支持してくれているわ。心からの感謝を伝えさせて。涙と恐怖の日々を過ごしているけれど、私は、決してあきらめない香港人の一人であることを誇りに思っているわ」

私は正直驚いた。テレサもいわゆる「青」に近いのかもしれないと思っていたのだ。彼女は

Facebookはニックネームにしているし、投稿しても家族との海外旅行についてばかりだった。何度か彼女とメッセンジャーでやり取りしたが、挨拶程度で終わると思っていた会話が続いていった。大学時代から背が高く、脚が長い美人で、長い髪をなびかせて印象的だった彼女は、いつも笑顔で声をかけてくれた。私はあまり深い話をしたことはなかったのだ。でも、この時はなんとなくもっと話したいと思った。

「よかったら、電話で話を聞かせてくれない?」と言ってみたところ「私も都合がいいわ。WhatsAppで連絡を取り合いましょう」とOKしてくれた。

香港の人たちは、WhatsAppや、TelegramやSignalなど、暗号化され機密性が高いアプリを使っている。文字情報や動画、写真などの第三者への漏洩を高い確率で防ぐことができるからだ。中国で開発された微信(We chat、ウィチャット)などのアプリは絶対に使わないという人も少なくない。WhatsAppの電話機能を使っての会話は一時間半ぐらいに及んだだろうか。

T「私のFacebookの名前、本名じゃないって気づいていたでしょう。夫の会社には、多くの中国人が働いているの。彼らは中国から流されたフェイクニュースを見聞きしているのよ。私たちとは見ているメディアが異なる。耐えられないわ。あんなニュースを信じているなんて。あの人たちと私たちとは、違う世界に住んでいるような感じがする。私は公共の場では、本心をほとんど話さないようにしているの。特に、政治的に難しい話題についてはね」

T「ジョセフィンと一一月にランチを食べた時、彼女も同じ見方だったわ。レストランを〝飾ったり〟、破壊活動をしたりするのはよくないけれど、そういうことをするのはごく少数の人たちよ。私たちは、ほとんどの抗議者を誇りに思っている。彼らはとても勇気がある。私にはない勇気で立ち向かっているの。それに、破壊活動に参加するのはヤクザかもしれないし、私服警察かもしれない。中国共産党に雇われている人たちの可能性もあるわ。九五％の若い人たちは、平和的にデモに参加して、声を上げている」

T「元朗での事件、知っているでしょう。あなたも覚えていると思うけれど、元朗は私の出身地よ。あの事件はヤクザがわざと起こしたと言われているわ。香港人は真実を知りたいのよ。独立調査チームに招聘されていた外国の専門家も、先日辞めたでしょう。独立した調査を行うのは難しいでしょうね。そうして欲しいけれどできないのよ。習近平は政治家の知恵も能力も持ち合わせていない。全てを焼き払ってしまうというような、安易で厳しい手段をとってしまう」

T「私ね、旺角（モンコク）に住んでいるの」

テレサは続けた。下町の繁華街である旺角は、デモ隊が集中的にあつまる地下鉄の太子（プリンスエドワード）駅のそばで、近くに警察署もあるため、警察と抗議者が度々対立しているエリアだ。

T「朝三時にね、抗議者が警察に向き合っているのが見えて、催涙ガスのにおいが漂ってくるのよ。とても強烈なにおい。女性は、生理の前におりものが出ることがあるでしょう。通常は白色だと思うけれど、最近はずっと灰色なの。何か毒性のものが体の中に入っていて、それを排出しようとしているのかもしれない。催涙ガスの成分を政府は公表していないから、どんな化学物質が入っているのか誰もわからないのよ。これは人権擁護に反する行為だわ」

T「一ヶ月ちょっと前、銅鑼湾（コーズウェイベイ）のダンス教室に行った帰り、ちょうど夕方五時半頃だったかしら、夫から電話があったの。催涙ガスが発射される可能性があるって。私はアドバイスを受け入れて、すぐに家に帰ろうとタイムズ・スクエアの方向に向かった、地下鉄に乗るためにね。でも、人の波が反対方向から押し寄せてくるの。そのうち、どこかで催涙ガスが発射されたのか、煙が目に入ってきてとても痛い。とにかく地下鉄の駅へ行こうと思った。その時、私はマスクを持っていたのよ。マスクをつけたらいいじゃないかと言われるかもしれないけれど、私はつけるべきか悩み続け、結局つけなかった。だって、マスクの着用を禁止する緊急法が施行されたばかりだったから」

T「私はその日、ただ道を歩いていただけで、抗議活動に参加していたわけではない。でも目は見えないし、涙が出てきて止まらない。仕方なく、ダンス教室に戻ろうとしたわ。濡れたタオルで目をなんとかしなければ。湾仔（ワンチャイ）の方向へ走り出した。そうすると、今度は放水車が視界に入ってきた。もう、私は息ができなかったわ。水を四方八方に放っている。水に当たらないように、身をかがめたり、物かげに隠れたりしようとするけれど、うまい具合に逃げられない。とにかく必死で走った。私と逆の方向にいた人たちに水がかかった。今度はこっちの方向に来るかもしれないと、銅鑼湾の方向に走ったわ。催涙ガスや放水車から、こんな風に逃げ惑わなければならなかったのよ」

T「おかしいでしょ！　私たちには自由がないのよ。マスクをする自由さえ！　知り合いに、〝放水車を見たら走らないで〟とアドバイスされたけれど、なぜ走ったらダメなの？　走っているだけで、どうして水をかけられなければならないの？　一体全体、これが香港なの?!　私、もう悲しくて泣き叫んだわ」

香港人を誇りに思う

T「私の下の子は九歳、上の子は一三歳で、どちらも男の子よ。中学二年生の上の子の学校では、『香港に栄光あれ』[*1]の音楽を流した生徒を、六〇人だか七〇人だかの警察が羽交い締めにして地面に押さえつけた。信じられないわ。音楽を流しただけで、どうしてここまでの扱いを受けなければならないのか。でも、私たちには何もできないの。ただ、この学校の校長と副校長はまだいい方よ。校長は理工大学から出られなくなっていた子どもたちを助けに行った三八人の校長のうちの一人なの。でも、このような良心的な校長は、遅かれ早かれやめさせられるのよ。とても悲観的な気持ちになるわ」

二〇一九年一一月にデモ参加者の学生ら数百人が大学構内に残ったまま警察に包囲され、数日間立てこもったのちに強制排除されたが、このとき立法会議員や中学・高校の校長が生徒の救出や説得にあたったのだった（2章参照）。

T「私は、子どもたちが洗脳されるのが怖いの。〝通識教育〟（Liberal Studies）[*2]の科目を廃止するのではないかと言われているけれど、ひどい話ね。来年度から、通識教育を教えないという一部の中学校のリストが出てきたと聞いたわ。政府から圧力がかかっているのでしょう。とても悪い兆候だと思う」

T「香港では見られなかったことが、当たり前に見られるようになった。中国のやり方が香港で普通になっているのよ。衝突が度々起こり、反社会勢力が投入されている。私たちの学生時代の香港では、こんなことはなかったでしょう。香港の大学の学長は中国出身者が多くなっているし、これからは裁判官も変わって行くでしょう」

T「これからの五年で香港はどうなるのか。移民する人が確実に増えるでしょう。私たちはいわゆるミドルクラスで、経済的な余裕がある。夫の会社の同僚たちもそうね。一国二制度が終わるまで、あともう二八年しかないから。未来のために計画を立てなければならないわ。子どもたちのために。このままでは、子どもたちは自分が本当に考えていることを表現できなくなる。子どもたちは嘘をつき続けなければならない。今だって、自分はある意味で嘘をつき続けているのよ。私Facebookの名前も変えたし、写真も削除した。この会話も録音されているんじゃないかって、不安になるわ。マカオはすでにそうなのよ。私たちは、本当の自分を表現できないのよ。誰がどこで見ているかわからないから。正直に言って、五年後をまだ想像することができないの」

T「子どもたちは、適当な学校が見つかったらイギリスに行かせようと思っているの。真実を知って、平和なところで仕事を見つけて欲しい。中国が変わらないなら、香港は心配だからね。お金はとてもかかるけれど、もう他に方法がないわ」

T「これまで仲良しだった友人たちが、学生たちを非難するようになった。警察を擁護するなんて、私には受け入れがたいことよ。政治的に考えが異なるというより、意識（consciousness）、正義（justice）、人間性（humanity）の問題だと思う。そう、私は人間性が最も重要だと思うのよ。こんな風にして友情が破壊されていくのは恐ろしい」

T「私たちはとても悲惨に見えるかもしれないけれど、〝私はこんなにも香港を愛している〟と感じることができたの。犠牲を厭わない人の気持ちがわかったわ。〝死ぬ時になってやっとわかることがある〟というような言い方があるでしょう。香港人はとてもイノベイティブで、賢い。私は香港人としてとても誇りに思う。香港人はもっと評価されてもいいと思うのよ。ノーベル平和賞作家の劉暁波は、最も中国を愛している人だと思うけれど、彼も、中国人を守っている人権派弁護士たちも、なぜ弾圧されなければならないの。〝中国を愛しなさい〟と強要されるのはなぜ？このような人たちは中国を愛しているけれど、中国共産党を愛していないわ。共産党は私たちを代表していない。香港人のほとんどがそう思っている。私は中国人だけど、共産党政権を憎く思っている。習近平は世界に影響を与えているわ」

私は電話を切った後、さまざまな思いが頭の中を駆け巡り、しばらく涙が止まらなかった。テレサは最後にこう言っていた。

「私たちって、大学時代にこんなには深く話し合ったことはなかったわよね。こんな風にさまざまなことを分かち合えるのは、よかったと思うのよ」

「人間はどうあるべきなのか」という根元的な問いを持ち、友人同士で考えを述べ合い、思考を深めることができるのは、ある意味で嬉しいことだと私も思った。「どこで監視されているかわからない」という彼女の恐怖心も、私自身、中国を研究する中でさまざまな経験をしており、痛いほどよくわかる。

ちょうど、中国政府に約三ヶ月拘束されていた北海道大学の教授が保釈されたところだった。日本でも中国研究者の間で、中国への渡航を控えようという動きが広まっていた。「私も自分自身、これは言わないでおこう、書くのをやめておこうと、自分に制限をかけてしまうこともあるのよ」とテレサに言うと、「日本にいてもそうなのね！　そこまでとは思ってもみなかった」と驚きを隠さなかった。

私たちが見るべき真実はどこにあるのか。どうして自分に嘘をつかなければならないのか。自由に考え、自己表現できないような環境に子どもを置きたくない――テレサが訴えていることは全て、私自身も考えていることだった。


テレサの話にある元朗の襲撃事件（二〇一九年七月二一日）では、デモに反対する「三合会」と呼ばれる地元のマフィア勢力と警察が結託していたのではないかと言われている。元朗駅に列車が到着すると、棒を手に持った白Tシャツの男たちが乗り込み、突然、乗客に殴りかかったのだ。その日、香港島のデモに参加して帰ってきた人たちを狙ったという見方もあるが、ＳＮＳで拡散された動画を見ると、男たちは無差別に攻撃しているように見える。多くの通報があったにもかかわらず、警察はすぐに現場に向かわなかった。警察への不信感が高まっている背景には、こうした事件がある。

テレサが「破壊行動をするのはよくない」「そういうことをするのはごく少数の人たち」「ほと

んどの抗議者を誇りに思っている。彼らはとても勇気がある」と語ったときに、「破壊行動」を「飾る」(decorate)と表現した。親中派と見られている企業グループの店やレストランの出入口の破壊、シャッターや看板などへの落書きが相次いでいるが、デモ参加者たちは「破壊する」「攻撃する」ではなく、「飾る」「修繕する」(リノベーションする)のだと説明している。別の友人は、「店を壊しても、略奪行為は生じていない」「デモ隊が投げる〝火の魔法〟(火炎瓶)は、バリケードがわりだ。それよりもこっちに警察が攻めてこないようにするため」「火炎瓶が警察の攻撃に使われているのなら、警察官はもう何人も死んでいるはずだ」と説明していた。つまり、デモ隊もルールを設けて行動しているのであり、それに一定の理解を示そうという姿勢として、負のニュアンスを含まない「飾る」「修繕する」といった用語が生まれている。

世代を超えた動き

香港大学時代の姉妹たちの他に、今回の旅で新たに出会った二人の女性の話も紹介したい。スターリー・シスターズの私たちよりずっと年下だが、自分の考えをしっかり持ち、人懐っこい笑顔と強い目力が魅力的だった。

エミリーは、日本の大学院で修士課程を修了し、二〇一九年の夏に香港に帰ってきた。それ以降、積極的にデモに参加している。学部時代は香港中文大学で政治学を学び、日本でも政治学を専攻し、大阪都構想の住民投票を研究テーマに選んだという。大学時代から学んでいるという日本語は流暢だ。

彼女の両親は中国大陸出身で、よりよい仕事と暮らしを考えて、香港に移り住んだ。もともと政府寄りだったが、今回のデモには理解を示しているという。エミリーは、彼女の両親の、中国本土からの「新移民」に対する複雑な思いや、社会運動や香港の文化・経済に対する彼女自身の見方を率直に語ってくれた。

E「香港中文大学の政治学部は、社会運動に積極的な人を輩出していることで有名ですが、今回(二〇一九年一一月二四日に実施)の区議会議員選挙[*3]には、卒業生、そして在校生も出馬しました。学部の教授の集計によると、なんと、二二人が立候補し、そのうち民主派は一七人全員が当選し、非民主派の五人は落選したんですよ。」

二〇一九年一一月二四日に投票が行われた区議会議員選挙では、民主派候補が四五二議席中八五%の議席を獲得し圧倒的勝利を収めた。前回二〇一五年の選挙では、民主派の獲得議席は約四分の一だった。投票者数は二九四万人あまりと有権者の約七一%(前回のほぼ二倍)となった。

E「私が中学生の時、ちょうど天安門事件二〇周年で、親からは教えてもらっていませんでしたが、テレビのニュースで事件のことを知り、自分で調べるようになりました。天安門事件で何が起こったのか、なぜ事実が伝えられないのか。疑問を持ったことから、政治や時事問題に関心を持つようになりました」

E「大阪都構想の住民投票を研究しようと思ったのは、香港と似ている部分があると考えたからです。二〇一四年、大学三年生だった私は、雨傘運動の現場にも行きましたが、高齢者は運動に反対している人が多く、若者と対立している印象を持ちました。大阪都構想も、高齢者の支持が得られず否決されたという見方があり、比較の観点から研究したかったのです。ところが、今回の逃亡犯条例改正案を発端としたデモでは、〝銀髪族〟（白髪の混じる中高年世代）による活動や〝守護孩子〟（子どもを守ろう）という団体もあり、雨傘運動の時とは違っていました」

E「私の父は三五年前に香港にやってきて、内装工事の会社で働き始めました。当時、香港の経済は中国よりよかったから、とにかくお金を稼ぎたい一心だったのでしょう。でも、二〇〇二年一一月に広東省で発生したＳＡＲＳ（新型肺炎）の影響で香港での仕事は減り、中国大陸で働くようになりました。現在は中国・広東省北部の清遠市で工場管理の仕事に就いています」

E「両親が結婚したのは三〇代半ばで、当時としては遅い結婚ですね。母はほぼ専業主婦で、時々パートで働いています。昔は、両親は政府寄りだったのですが、今回の運動については、しょっちゅう生中継を見て、警察に腹を立てています。Facebookなどソーシャルメディアとテレビの情報は違う、と。今となっては、テレビも政府に不利な情報を報道するようになったので、両親の政府に対する好感度は低くなっています」

E「少し前まで、中国大陸から多くの妊婦が香港に来て出産していました。香港では、中国より良い教育が受けられると考え、子どもを連れてくる人も多い。私の近所では、児童数が定員を超過して、小学校が足りないのです。香港政府は中国本土から毎日一五〇人を受け入れることで合意しています。両親も中国からの移民ですが、新移民は、中国本土の多くの地域よりも相対的に条件の良い香港の福祉に期待している、という印象が強い。昔の移民は働くため、お金を稼ぐために香港に来たと思います。親世代にしてみれば、〝我々は頑張ってきたのに、新移民は香港の福祉だけを狙っているのではないか〟という気持ちがある」

E「さらに、中国大陸からの移民は、香港の不動産価格を吊り上げている。私の住んでいる香港の北部には、中国の観光客が大勢買い物に来ていたのですが、最近はデモが激しくなって観光客が減りました。経済は悪くなったかもしれませんが、街が静かになってよかったと言っている人もいます」

移民の街の新移民

エミリーが言うように、雨傘運動の時とは異なり、今回の逃亡犯条例改正反対のデモ活動には、さまざまな年代の人たちが参加していると指摘されている。デモに参加する若い人たちに食べ物や薬を届けたり、家に帰れない人たちを車で拾って送り届けたりしている中高年もいる。同じ中高年でもテレサのように、夫が中国に関連する仕事をしているため、家族のデモへの参加について公には話ができない人もいるし、親子間でデモの見方が対立しているというケースもある。

エミリーの家族は、親たちも警察の行き過ぎた暴力行為に否定的で、デモに一定の理解を示している。さらに、エミリーの両親が現在の香港政府に批判的なのは、中国からの移住者への政策（特に「新移民」政策）に不満があるからだ。

もともとはエミリーの両親も中国から移民してきたわけであり、香港に住む多くの人たちも例外ではない。仕事をするために来た人もいるし、家族や親戚を頼って来た人もいる。政情不安が続く中国から逃れようと、海路を泳いで、あるいは小型船舶などで、または山越えをして、密かに入境した人もいる。一九八〇年一〇月まで香港では「タッチ・ベース」政策が採られており、中国との境界付近の新界地区で発見されれば送還の対象となるが、中心部の入境署に出向いて登録の手続きをとれば、居住証が与えられていた。

中国が改革開放の時代に入り、香港の主権が中国へ返還されることが決まると、中国と香港の関係は新たなフェイズに入った。これ以降に中国から香港に移り住んだ人々は「新移民」と呼ばれる。中国から移住するための定住ビザの発給の割り当ては、一九八二年に香港イギリス政府と中国政府の間で一日七五人と決められていた。それが一九九三年には一五〇人に倍増し、現在に至っている。返還から二〇年経った二〇一七年には、新移民は一〇〇万人を超えた。

中国からの移住者の急増で、公営住宅への入居の基準が厳しくなったり、病院が混み合ったりすることに対して、不満の声が高まった。さらに大きな社会問題となったのが、香港で出産する中国人新移民の急増である。二〇〇一年の香港の最高裁判決が「香港の居住証を持たない親から香港で生まれた子どもには、香港居民の身分を与える」として以降、香港で出産する中国人が急激に増えたのだ。

香港に計画的に渡航し、出産した中国人の多くは、ブローカーなどを通じて出産の準備や手続きを行っていた。二〇一三年になってようやく、香港政府は中国からの出産目的での渡航を禁止した。それまでの二〇〇一年〜一三年の一一年間に生まれ、両親ともに非香港居民である中国人の子ども（中国語で「双非児童」と呼ばれている）の数は、二〇万人以上にも上ると言われている。こうした子どもたちの中には、香港に隣接する深圳などから毎朝入境手続きをして、香港に通学する子も少なくない。「双非児童」や新移民の子どもが多い地域では、学校が足りない状況に陥っている。

欧米諸国でも移民排斥の動きはあるが、「一国」の枠組みにある香港と中国の間でも、同様の問題が生じているのである。社会保障や教育資源のパイの奪い合いから新移民が問題視されるだけでなく、大学進学や就職でも、古くから香港に住む人たちが新移民と競争しなければならない。
エミリーの両親は、彼女の将来をどう考えているのだろうか。エミリーには妹もいる。

E「三歳年下の妹は現在台湾にいて、大学四年生です。デザインや設計を学んでいます。今回のデモが始まった時、妹は香港にいませんでしたが、インスタグラムで情報を発信していました。もともと政治には関心がなかったのに、私はびっくりしました。他の香港人の学生たちと一緒に、台湾の大学のキャンパス内にポスターを貼ったりして、積極的に活動しているようです」

E「最近台湾に留学する香港人学生が増えています。私の妹は英語が苦手で、高い英語力を要求する香港の大学には入れませんでした。中国大陸には留学したくないと言うし、そのほかの海外の大学に妹を留学させる余裕はうちの家にはありません。それで、台湾がよいということになりました。将来の仕事として、妹はゲームの設計に興味があるようですが、台湾は給与が低いですよね。小さな会社でも、妹がやりたい仕事を考えれば、台湾の方が香港より仕事のチャンスはあると思うのですが、給与を考えたら暮らしていくのは厳しいかもしれません」

E「安定して仕事もあまりきつくないから、公務員になったらと親は言います。でも私は、公務員に興味がないですし、公務員の仕事はつまらないと思います。今の行政長官の林鄭月娥は公務員上がりです。前の行政長官も良くないと思っていましたが、上には上がいますよね。今回の社会運動において、彼女は解決するタイミングが何度もあったのに、無視して火に油を注いでしまった。彼女は公務員としてやってきたから、上に従う習慣がついているのかもしれません。」

両親は、エミリーと妹に自分たちのような苦労をさせたくないのだろう。給料が高く安定した職業に就いて欲しいのは、親の切なる願いだと思う。だが、「雨傘世代」のエミリーは政治や社会問題に強い関心を持ち、将来を考えている。

E「逃亡犯条例の改正案を提案したのは、林鄭月娥自身だという噂があります。中国政府からの圧力もあるでしょうが、彼女自身の意志が働いている可能性があるということです。もしそうであるなら、公務員的な上意下達というよりも、彼女の姿勢は元々強硬なのでしょう」

E「二〇〇六年、クイーンズ埠頭など歴史的建造物保存運動が盛り上がった時、世論に押された政府は公共事業の関連部門を統括する発展局を設置し、林鄭月娥が局長に就任しました。彼女は発展局長として反対派の人たちとも対話する姿勢を見せつつも、最終的には再開発事業を独断専行してしまったのです。女性用のトイレの面積や子ども関係の施設が若干増えたとか、彼女の成果に言及する人もいますが、彼女は公務員の組織をとてもよく把握していて、北京政府にとって使い勝手がよい人なんです」

クイーンズ埠頭とは、香港島と九龍半島を結ぶ連絡線「スターフェリー」乗り場に隣接していた中環（セントラル）の船着場で、イギリス統治時代、エリザベス女王やダイアナ妃、歴代の香港総督が上陸する際に必ず利用していた由緒ある埠頭だ。

付近一帯の再開発計画で、取り壊して別の場所に移転が決まると、二〇〇六年から〇七年にかけて反対運動が起こった。ちょうどその頃、香港で「集体回憶」（社会共通の記憶）となる自然や文化財を残そうという街並み保存運動が盛り上がりつつあった。ハンガーストライキをしている人たちもいたのに、役人たちは説得工作を早々と終わらせ、強制的に抗議者たちを排除し、バイパス道路と商業施設をつくるための工事を開始してしまった。

香港政府はイギリス統治時代から、造成・再開発した政府所有地の使用権を業者に売ることで財政を潤してきた。しかし、市民たちは街並み保存運動を通して、土地を経済的な価値のみで測ることに異議を唱えたのだ。「金が儲かればよい」という価値観ではなく、香港独自の歴史や文化を重んじようという「香港人アイデンティティ」がこうした運動を通しても醸成されていったと言える。

しかし、香港の社会運動は経済的な側面でも、興味深い動きを見せている。エミリーは次のように話した。

E「香港の社会運動は、民主主義より自由を求める側面が強い。逃亡犯条例の改正案への反対も、最初は選挙とか民主主義については言っていなかった。でも、雨傘運動から五年経っても、経済的な利益は自分たちには回ってこない。自分たちには富は分配されず、財布の中身は増えない。香港の経済がどんなによくなっても、構造的なものを変えていかなければ、香港の貧しい人たちは豊かになれないのです」

学生の授業ボイコットから大規模な幹線道路の占拠に発展した二〇一四年の雨傘運動は、経済損失への懸念が、支持の低下と収束に向かう流れの要因となった。

E「〝黄色経済圏〟を作ろうという動きがあります。香港の民主化運動に協力的な店を〝黄色〟に、非協力的で政府寄りの店を〝青色〟に分類しており、google mapなどのアプリで調べられるのです[*4]。成功しても失敗しても、社会運動は必ず終わる日が来る。運動が終わったら、そこで学んだことを日常生活の中でいかに実践していくか。経済活動で連携することはとても大切なのです。単にデモを行うだけで、変えられることは少ない。黄色と青色をどう区別するか、黄色と青色の程度をどう判断するのか、さまざまな議論が行われています」

E「ポスターを店内や外に貼ってくれるのか、どこに献金しているのか。従業員は黄色でも、オーナーは青色という場合もある。アプリを開発した人自身も悩んでいます。どこまで青くて、どこまで黄色いか。アプリで調べられるようになっても、経済圏を作るところまではいかないだろうという見方もある。ただ、興味深いのは、青色に分類されるのはマキシムグループなど、国際的な企業の傘下のチェーン店が多く、黄色に分類されるのは、規模の小さなローカル店が多いということです。これまでのグローバル市場経済が独占してきた構造を解体する動きにもつながるかもしれません」

「青色」に区分されている代表的な企業グループが美心（マキシム）だ。この会社の創業者の長女である伍淑清（アニー・ウー）は二〇一九年九月一一日、香港の女性団体の代表として国連人権委員会に出席し、香港のデモを「少数の過激な抗議者が組織的、計画的に暴力行為に荷担している」と批判した。この発言に怒ったデモ参加者たちは、美心が香港でフランチャイズ展開しているスターバックス、元気寿司、吉野家、東海堂（アロームベーカリー）なども「青色」に区分し、次々と攻撃の対象とした。店のガラスが割られたり、シャッターに落書きをされたりもしている。

こうした暴力行為は容認されるべきことではない。しかし、とは言え「黄色経済圏」を支持する動きは、中小企業やローカルなビジネスに目を向けることにつながっているというエミリーの指摘は興味深い。「富の分配」の構造を変えるためには、政治を変える必要があるのだ。

警察署の内側で

ドキュメンタリーを製作している友人を通して出会ったルカは、待ち合わせ場所に指定していた沙田のショッピングモールのカフェにスポーツウェアで現れた。日本語を少しかじっていると

HEARTS ON FIRE
警告 催淚煙
WARNING
TEAR SMOKE
RESTIGE

黃藍是政見
黑白是良知
光復香港
時代革命
成立獨立調查委員會
7 2 1 8 1 1
反對警暴
釋放被捕義士
i may not live to see our glory
but I will gladly join the fight
for when our children tell our story
they'll tell the story of tonight
九二、九三 全民三罷
You mess up with our Home Kong
We smash you Right Back

光復香港時代革命
WO china

いうが、発音がとてもきれいで、しばらくおしゃべりが日本語で続いた。このまま続けられそうだとも思ったが、複雑な話題になると、会話は英語に切り替わった。

ルカは警察署で広東語、普通話（標準中国語）、英語を駆使する通訳官として働いていると聞いていた。警察の内側から何を、どのように見ているのだろう。

詳しく聞くと、正規雇用の通訳官ではなく、契約ベースの非常勤のようだ。つまり、彼女は警察署内で働いてはいるが、警察内部のメンバーというよりは、少し斜めに警察の様子を見ているのだ。

ルカは「催涙ガスを浴びる危険な前線には行かないけれど、毎週のようにデモには参加しているわ」と人懐っこい笑顔を見せながら話した。デモに行く際には慎重を期して、いつも仕事関係で使っているものとは違う携帯電話を持っていくのだという。

L「警察署の中ではね、通訳官五～六人が同じ部屋で働いているわ。互いにあまり話すことはない。三〇代の人もいるし、もっと若い二〇代の人もいる。でも、デモが度々行われるようになって、少しずつそのことについて話し始めたわ。TVB（香港の民放テレビ局「無線電視」）などのテレビは、デモ参加者こそがトラブルメーカーだと報じているけれど、私は警察がやっていることがよいとは思えない。身近に催涙弾を撃たれるところを見たりしているから、職場内でもストレスになっているしね。会話や行動で、特に私たちが政治的に圧力を受けているということはない。通訳官の中にも、政府寄りの人もいるし」

L「ある時、私は一階にいたのだけど、二階から警官がランダムに人々に銃を向けていたの。威嚇の発砲だと思うのだけれど。私自身は勇武派には入らないけれど、抵抗を続ける彼らが弱い立場にいることを理解できるのよ。彼らは警察のように重装備で闘おうとしているわけではない。警官は完全に武装しているから安全でしょうね」

L「食堂で警官たちが食事をしているのに出くわすことがあるの。彼らは抗議者たちを汚い言葉で罵っていた。警察署でここまで長年働いていると、そうした言葉を使うのに慣れてしまうのかしら。広東語にはスラングがあるのよ。〝彼の妻をやってやった〟とか〝犬やろう〟とか。日本ではここまで下品な言葉は口にしないでしょう。香港の人たちは普段は平和的なのだけど、汚い言葉を使うこともあるわ」

L「上海から香港に来ていた人が、非合法集会で捕まったことがあるんだけど、彼が心配したのはむしろ釈放後、帰国したらどうなるかだった。自分の国で何をされるかわからないから、保釈申請書にサインしようとしないの。通訳官をしていると分かるけれど、広東語ができないから、コミュニケーションに支障が生じる人もいるし、警察に拘束されているけれど実際にはデモに参加していたのかどうかわからない人もいる。マクドナルドに行こうとしていただけだとか、ただ関心があって見ていただけだとか。それなのに拘束されて、私たちは彼がトイレに行く時でさえ監視するように言われる」

Ｌ「警官たちは〝踏浪〟なんて言っているのよ。ブリーフィングの時にも、抗議者を悪者とみなして、〝洗脳〟しなければならないというようなことを言うの。警官は全員が、登録番号を身につけているけれど、外出時には番号が見えないようにしている。特定されたくないから。これまで警官は、そう簡単には手を出さなかったわ。でも、抗議が激しくなり、対抗する取り締まりの方法を教えられ、力を行使するようになった。彼らは抗議者を非人道的に扱うの。でも、香港警察のホームページを一度見てみて。広報ページに〝警官にとってモラルとは？〟とか、毎回のように書いてあるのよ。一体、警察の文化って？　モラルとは？　規律って何？」

「踏浪」という言葉は、警官たちの間で使われている新語のようだ。「流浪者（抗議者）の群れの取り締まりに踏み込む」というような意味で使っているのだろうか。デモ参加者の取り締まりを「踏浪者行動」、当番に当たっている人が食べる弁当を「踏浪飯」などと呼んでいる。

Ｌ「香港警察が抗議者に立ち向かう構図が描かれているけれど、警官の中には、抗議者のふりをして街に出ている者もいるわ。だって、抗議者が着ているような黒い服を着て署に戻ってきたもの。そういう〝スペシャルミッション〟（潜入の特別任務）もあったということよね！」

教育・福祉・格差

ルカはほとんどのデモに参加している。それは彼女自身の持つリベラルな思想ゆえであるが、極端になった双方の立場の違いを尊重し合うことはもはや難しいと判断し、非常に慎重に行動しているようだ。

彼女もエミリーの両親のように、新移民に対して複雑な思いを持っている。

L「今は皆、立ち位置はさまざま。黄色とか青色とか、薄い黄色とか水色とか。立場の違いで、家族の中にも分裂が生じているし、キャリアにも悪影響を与えているわ。考え方に違いがあっても、友人同士認め合うべきだけど、ストレスがかかるわよね。だから、私はデモにはいつも使っているのとは別の電話を持っていくのよ。私の家の近所に住んでいる退職した警官がね、よく叫んでいるの。平和が大事だと。デモがあるたびに、家の中から大声で叫んでいるの。一〇〇％ナイスないい人よ。汚い言葉で叫んでいるけれど」

L「私はこないだの区議会議員選挙の投票所で開票作業を手伝ったのだけれど、とても緊張した。民主派が勝ちそうだったから嬉しかったのだけど、感情を表情に出さないように注意したわ」

L「新移民に対する優遇策に批判はある。私には中国大陸出身の友達は少ししかいないのだけど……。中国から来た人たちには、広東語を習っている人もいるし、多くの人は広東語にも、香港の生活にも慣れてくるけれど、香港の抱える課題にはあまり関心を持っていないわね」

L「雇用や福祉はそう簡単に論じられる問題ではないけれど、自分自身、仕事を中国大陸の人に奪われた経験があるの。今の警察での仕事は非正規雇用で不安定だから、しばらく前に、職業斡旋会社を通してある企業に面接に行ったのだけど、候補が私と中国の人に絞られ、最終的にその人に決まったわ。彼女は日本語ができて、私はあまりできなかったから、不利だった。それに、私はコネクションがないもの、中国大陸に。外資企業も中国のコネクションを重視している。

新移民が香港に来ることを反対している訳ではないけれど、若い人たちにとって実質的な脅威になっているのよ。給料も下がるしね。なぜ、そんなに多くの人たちを受け入れなければならないのかって、疑問が湧き上がるわ」

L「新移民を受け入れることで香港を活性化しようという声もあるけれど、それは恐ろしすぎる。中国から一万人もの大学院生を受け入れていると聞いたわ。こんなに多くの大学院生を受け入れるのは、大学が学費収入を期待しているからよ。特に修士の学位を取りにくる人たちなんて、レベルが水準に達していない学生までたくさん入っている。香港の大学に合格するのは難しいけれど、大学院生の入試は比較的簡単なのよ」

ルカは母を亡くし、父は失踪し、幼少時から孤児同然の孤独な生活を送ったのだと、紹介してくれた友人から聞いた。生活保護を受けて暮らしていたルカは努力を重ね、トップクラスの成績で香港中文大学に合格した。しかしその後は紆余曲折の連続だったようだ。彼女はさまざまな社会運動に参加し、ある時は裸で反グローバリズムのパフォーマンスも行った。大学卒業後は高校で教えていたが、こうした彼女の活動が勤務校の校長の耳に入ったのか、彼女の雇用契約は更新されなかった。新移民との競争にも勝てなかった彼女は安定した職になかなか就くことができない。これまで、大学のプロジェクトベースの助手や、現在の通訳官など短期契約の仕事を続け、今日に至っている。仕事を失うことを恐れるルカは、自らの発言や行動にとても神経を使うようになった。

生い立ちは恵まれなかったが、自らの道を懸命に歩もうとしてきたルカ。社会の荒波に揉まれ、不安定な生活だが、彼女は現在、同性のパートナーとともに海外旅行を楽しむなど、小さな幸せを大切にしながら日々を送っている。

人一倍好奇心が旺盛で、社会への関心が強く、向学心もある彼女は、本来もっと率直に、自由に、政治を批判したり、自己表現したりできるはずなのだ。それなのに、こんな風に身構えて生きなければならない。

彼女の、純粋さゆえの不器用な生き方に私は共感を覚えるが、なぜ彼女のような優秀で真摯な生き方をしている人に陽が当たらないのか。全く腑に落ちない気持ちが拭えなかった。

2　暴力と非暴力の間

暴力の拡散とエスカレート

私の香港大学時代の友人の多くは、抗議デモに参加しているか、参加者に同情的な姿勢を示していた。その一方で、デモを制圧しようとする警察への支持を明確に示す知人もいる。

マリーは私が香港大学の学生だった頃、大学の研究所で事務補佐や研究資料の収集を行う助手として働いていた。カナダで暮らしていたこともあり英語が流暢だったが、私とはもっぱら普通話（標準中国語）で話していた。広東語ができない私にとって、普通話で話してくれるマリーは付き合いやすい人だった。時々家に招いてくれて、一緒に食事をしたり、ハイキングに出かけたりしたものだった。

六〇代になったマリーは退職し、現在はコンサートや写真撮影に出かける悠々自適の生活を送っている。マリーの夫は中国企業に勤めており、夫婦揃って写真撮影サークルに所属し、サークルのメンバーと中国の貧困地域の支援を行っている。仕事でもプライベートでも中国大陸とのつながりが強いからか、マリーは、一連の抗議活動に対して批判的だ。一貫して香港政府、香港警察、そして中国政府が社会秩序の維持のために努力していると強調し、そのような主張の投稿に自身のコメントをつける形で、Facebookでは精力的に発信を続けている。

例えば、地下鉄・太子駅で起こった衝突事件から半年後の二〇二〇年二月二九日、事件を忘れないようネイザンロードを占拠したデモ隊に、警官隊が催涙弾を発射した。この日のデモ隊の動きに憤ったマリーは、「今夜またゴキブリ軍団が出てきて、記念活動を行うだと！　周囲を放火している。香港を立て直すのは警察の力にかかっている。時代革命でゴキブリたちを倒せ！」というキャプションが添えられた写真をFacebookでシェアしていた。

新型コロナウイルスや一連の抗議活動の影響で冷え込む経済支援策として、香港政府は市民一人当たり一万香港ドル（約一四万円）を支給する施策を出した（二〇二〇年二月二六日）。これに対し、ある女性が以下のように書かれたプラカードを持って街頭に立った。「私は一万香港ドルをもらえるかもしれないけれど、〝黒警〟（悪どい警察）は二五億ドル（一人あたり八万五千ドル）の補助金を得て、七五〇〇万ドルで六台の装甲車、六億ドルで銃弾を買うのだという。私は一万ドルなんて決して欲しくはない！」マリーはこの女性の写真を、「つける薬がない。絶望的」というコメントを付して拡散している。女性の写真はデモ支持派、反対派の双方が広くシェアしているようだが、後者のコメントは辛辣だ。「黄色いやつらめ、暴徒め、馬鹿者。一万香港ドルを申請するなら、厳格に法を執行する政府と警察への支持を表明しろ！」といった風に。

マリーは香港警察の活躍を讃える動画も度々投稿している。そのうちの一つのナレーションはこんな感じだ。

「二〇一九年、香港は沈んでいる。今回の逃亡犯条例の改正に反対する抗議運動は、人類の行為と思想が、卵の殻のようにもろいということを示している。彼らは度々〝香港頑張れ〟といったスローガンを使い、団結を呼びかけているが、実際には人々を洗脳しようとしているのだ。連日、ソーシャルメディアで大量の誤った情報を流し、警察と政府への憎しみを増加させている。彼らのいう〝自由と民主〟を勝ち取るために、自らの道徳の水準をいつのまにかひき下げてしまった。他者の自由を犠牲にし、小さな子どもを政治の道具に利用し、暴力を容認した」

「私たち香港警察は、皆さんの安全を考えているのです。誰をも傷つけないために、私たちはここにいるのです。あらゆる攻撃を受けても、毅然として香港を守ろうとしている。――香港警察がいてくれるから。危険のただ中で勇敢に闘う香港警察[*5]」

警察官たちが上から下まで黒ずくめの人物に傘や棒で殴りつけられ、それに抵抗している場面や、小さな子どもが「香港人、頑張れ」と歩道橋の上から声を張り上げ、歩道橋の下を通過するデモ参加者がそれに呼応して歩いている場面などが、このナレーションの背景に流れる。そして、動画の最後の方で、抗議者が反対派の男性に火をつけるという衝撃的な映像が映し出された。これは二〇一九年一一月一一日、デモ隊と激しい口論になった男性が、体に火をつけられた時のものだ。緑色のTシャツを着た男性が、歩道橋の上で人々と口論している。すると、黒服を着た覆面の人が緑色のTシャツの男性に液体をかけて火をつけ、周囲の人たちが慌てて逃げる中、緑色のTシャツの男性は必死にTシャツを脱ごうとしている様子が映っている。この動画は広く拡散し、非情なデモ隊の暴力が晒される形となった。

自由か売国か

この事件が発生してから少し経って、マリーと私はFacebookのメッセンジャーでこんなやり取りをしている。

M「香港は徐々に衰退している。私たち上の世代がつくってきたものはことごとく破壊され、道徳は腐敗している。あなたも香港に住んでいたからわかるでしょう。香港に自由がなかったというの？　逆に、植民地時代に、民主があったっていうの？　香港が中国に返還されてから、徐々に選挙が行われるようになった。民主は一つのプロセスよ。一挙に実現することなどあり得ない。イギリスやアメリカに尻尾を振って慈悲を得ようとするなんて、まったく、売国奴じゃない！」

私「現代の社会は激しく分裂していて、異なる立場にいる人たちが相互にコミュニケーションをとることが難しくなっている。私はこの矛盾をどうやって突破すればよいのか、ずっと考えているの。中国大陸の人権擁護運動や市民社会を研究してきたから、香港の若い人たちがなぜ香港の未来を憂えているのか、ある程度理解できる。最近、日本で暮らす中国人や日本の学者までもが、中国で拘束されている。中国の全てを否定するわけではないけれど、言論の自由や学問の自由を制限する中国当局には、批判的にならざるを得ない。私は中国で数多くの実地調査をしてきて、中国の悲惨な現実を自分の目で見て、自分の耳で聞いてきた。今の香港は以前のように自由ではなくなったと思う」

マリーはこの後、「何が抗議活動を革命に化けさせのか？·」（What makes a protest a revolution?）という動画を送ってきた。トレーニングウェアに身を包んだ白人の女性が早口の英語で、「世界各地で〝抗議〟（protest）という名のもとに正義を振りかざす者がいるが、実際には暴力と破壊が横行しているだけだ」と解説している。マリーが自分の言葉では私の問いかけに応えず、このような動画を一方的に送ってきたことに、私は正直驚いた。彼女は毎日、多くの記事や動画を発信し、危険の中で職務を遂行する警察を称賛する一方で、暴力や破壊活動を行う若い人たちを、法律を守らないモラルの低い輩だと痛烈に批判し続けている。

マリーの言っていることがわからないことはない。暴力がエスカレートし、公共施設が破壊されたり、交通手段が遮断されたりすることに、不快感を抱いている人は少なくない。デモ隊のメンバーが緑色のTシャツの男性に火をつけた動画には、私も大きな衝撃を受けた。最初、これはフェイクニュースかと思ったが、いくつもの情報源に当たって事実であることを確認した時は、非常に落胆した。そして、どうしてここまでしなければならないのかと心底悲しくなった。

私が香港のデモの現場に行ったのは二〇一九年一二月になってからだが、その時初めて、上から下まで黒一色のデモ隊の一群に囲まれ、なんとも言えない緊張感を覚えた。それまで、ほとんどの情報はテレビやインターネットを通じて得ていたから、このような「黒い人たち」は、私にとって実際には身近な存在ではなかったのだ。日本で見聞きし、よく知っているつもりだった「香港のデモ」のイメージは、全くリアルさに欠けていたと痛感した。

私が参加した一二月八日のデモは、世界人権デーのイベントの一環でもあった。香港に本部を置く民間団体「中国の人権派弁護士に関心を寄せる会」(China Human Rights Lawyers Concern Group)で理事を務める元立法会議員の何俊仁(アルバート・ホー)、同じく元立法会議員の劉慧卿(エミリー・ラウ)、同会に協力して記録映画を撮っている友人たちと共に、香港島の銅鑼湾のビクトリアパーク周辺を歩いた。

参加者数は、主催団体の「民間人権陣線」(Civil Human Rights Front)発表によると約八〇万人だったという(警察発表では一八万三〇〇〇人)。香港でデモを行うには事前の許可が必要だが、しばらくの間、申請が許可されない状況が続いていた。一二月八日は久しぶりに許可が下り、人々は正々堂々と参加できた。一一月の区議会議員選挙で民主派が圧勝したこともあり、多くの人がこれからも運動を続けるという強い気持ちで、自信に満ちているように見えた。度々起きていた警察との衝突もこの日はなく、最後まで平和的にデモが行われた。

私は実のところ、日本でもデモに参加したことはほとんどなかったので、少々戸惑いながら歩いていた。劉慧卿は募金を呼びかけるブースに移動するまで、私の隣で道案内してくれた。彼女は長年立法局・立法会議員を務め、初代女性民主党党首でもあり、「香港の鉄の女」と呼ばれている。ジャーナリストだった一九八四年、中英共同宣言署名後の記者会見に応じた「イギリスの鉄の女」、サッチャー元首相に「香港の五〇〇万人以上を共産主義独裁体制の手に渡すことを約束する中国との共同宣言に署名したが、これは道徳的に許されるのか。国際政治において道徳は自分の国の利益の犠牲になってよいのか」と質問した。劉慧卿は「あの時私が示した懸念は、現実のものになったでしょう」と険しい表情を見せた。彼女は政界引退後も積極的にメディアの取材を受け、中国の人権問題や、香港の民主と自由の状況を伝えている。二〇一八年一一月には、日本で行った中国人権派弁護士の記録映画の上映会とイベントに参加してくれた。

劉慧卿が私たちから離れた後、私は何俊仁について歩いた。何俊仁は道ゆく人々に声をかけられ、笑顔で応じていた。途中、民主党創設者の李柱銘（マーティン・リー）、歌手の阮民安（トミー・ユン）らにも出くわした。メディアの取材に応じ、彼らと記念撮影をしていた。それにしても、議員時代、何俊仁はこんなに若い人に人気があっただろうか。若者たちが次々に「頑張れ！」と気さくに声をかけてくるのだ。つい一ヶ月ほど前に、地下鉄の駅で親中派とみられる複数から襲撃された彼を気づかってのことだろうか。幸い、怪我は軽く済み、痛みはさほど残っていないようだ。

何俊仁は、「自分は〝禍港四人幫〟（香港を災禍に陥れた四人組）と名指しされ、面白おかしく描かれたイラストが出回っているんだよ」と苦笑いしながら、携帯電話に保存した画像を見せてくれた。

デモを支持する香港の著名人と一緒にいれば、私も顔がメディアに出てしまうかもしれない。香港で長年暮らす日本人の友人は、「やめた方がいいよ」と忠告してくれたのだが、私は、声をかけられるたびに市民と写真を撮り、メディアの取材を受けている何俊仁の隣にいる。不安がよぎったが、気にしていては何もできないと覚悟した。

禍港四人幫

何俊仁が「禍港四人幫」の一人とされていることは、彼が中国の「ブラックリスト」の上位に載っていることを明らかに示している。「禍港四人幫」については八月一九日、親中派の香港紙『大公報』が中国共産党中央政法委員会のウェブサイト『中国長安網』の記事を紹介する形で、文章を書いている。

「乱港派（香港を混乱させるグループ）はここ最近、デモにおいて暴力的な衝突を生じさせている。何度もデモを扇動してきた顔役は「壹伝媒」の黎智英（ジミー・ライ）だ。黎智英は民主党創設者の李柱銘、前政務司長の陳方安生（アンソン・チャン）、民主党前主席の何俊仁と結託し、香港を売って栄光を得ようとする売国奴である。中国共産党中央政法委員会のウェブサイト『中国長安網』は、昨日トップページにてこの四人を「禍港四人幫」（香港を災禍に陥れた四人組）と名指しし、十四の罪があると述べた。彼らはこの二ヶ月あまり、正常な秩序を暴力的な衝突へと変え、公然と「一国二制度」の原則に挑戦し、香港の経済と人々の生活を破壊した。この記事は、法の支配に異議を唱えてはならず、正義は勝つと強調している。香港は中国の香港であり、いかなる外部勢力も介入したり、干渉したりすることはできない、香港の繁栄と安定を維持する一四億人の決意は揺るがないと述べている」[*6]

『中国長安網』の述べる一四の罪状とは一体どのようなものなのか。黎智英、李柱銘、陳方安生、何俊仁のそれぞれについて、『大公報』が整理している内容によれば、黎智英の罪状は「犯罪行為を扇動・助長しアメリカの走狗になった」「世論を操り黒い政治の金を送り込んだ」「政治献金を通して香港を売り、アメリカに投じている」の三つだ。

黎智英は自身が創業した『蘋果日報』（アップルデイリー）を通して、香港と中国の未来を変えるために西側陣営の支援を呼びかけただけでなく、親米・反中、香港を売り払う路線を歩むため、アパレル企業・ジョルダーノの全株式を売却し、『蘋果日報』でデモの時間や場所を詳しく伝えて市民を扇動し、暴動の組織者、指導者となっているのだという。また、アメリカ海軍のインテリジェンス部門にいるマーク・サイモンは「壹傳媒」の役員としてアメリカで二〇回以上政治献金しており、二〇〇八年のアメリカ大統領選挙では、共和党候補のマケインに三回献金した。黎智英は二〇一九年七月九日、ペンス米副大統領、ポンペオ国務長官、ボルトン国家安全保障顧問とワシントンで会っている。黎智英は「香港はアメリカのために戦っている。香港の民衆はアメリカとともに、中国共産党に対する価値観をめぐる戦争に参加している。香港人はアメリカが私たちの側に立っていることを知りたいのだ！」と述べた。

李柱銘については、「逃亡犯条例改正案の〝始祖〟であり改正案反対の〝先鋒〟」「香港を売ろうとする〝黒い仲介者〟であり〝案内役〟」「海外に香港の情勢を批判的に伝えている」「黎智英と結託して民衆を惑わせ暴力で香港を混乱させている」と四つの罪状が挙げられている。

実は、李柱銘は一九九八年一二月九日、中国と香港に存在する法の抜け穴を封じ、犯罪容疑者を引き渡せるようにすべきだとして、逃亡犯条例改正案を発議したことがあるのだが、『中国長安網』はその時のことを指摘し、今回の逃亡犯条例改正案への反対には矛盾があると指摘している。さらに、元立法会議員、弁護士の地位を利用して反中勢力を育成しただけでなく、アメリカ、イギリス、カナダなどで香港問題への積極的な関与を呼びかけており、二〇一九年九月には、黄之鋒（ジョシュア・ウォン）らとアメリカを訪問し、「香港人権民主法案」が議会を通過するよう働きかけた。『蘋果日報』にたびたび署名記事を書き、汚い概念や誤った解釈で香港政府と警察の暴力に対抗しようと香港市民に呼びかけ、扇動しているのだという。

陳方安生については、「失敗したが政務司長時代からそろばんを弾いていた」「人前では仁義と道徳を説き背後で黒い金を受け取る」「〝香港の良心〟と自称するが実際には香港を裏切っていた」

「公務員を惑わせ分裂させようとした」という四点を挙げた。

香港政府のナンバー・ツーの政務司長だった陳方安生が二〇〇一年四月に早期退職したのは、トップの行政長官としばしば対立したからで、引退後の二〇一三～一四年には、民主主義の活動のためだとして、黎智英から三五〇万ドルという巨額の黒い金を受け取ったという。アメリカでホワイトハウスの役人や上院議員、下院議員に会い、逃亡犯条例改正案反対のロビー活動を行ない、ペンス副大統領に「アメリカは香港の人権と〝一国二制度〟に疑問を呈する権利を持っている」と伝えたことも問題だとした。また、香港政府に圧力をかけるために、公務員にデモやストライキに参加するよう公に奨励した、とも指摘した。

何俊仁については、「資質が低く信頼を失墜させている」「投機的に政治を行いアメリカの手先になっている」「〝報道の自由〟で人々の視覚・聴覚を麻痺させている」と指摘し、具体的には次のように書いてある。

〝何俊仁も候補者だった二〇一二年の行政長官選挙の際、何俊仁は同じく候補者の梁振英の資質が疑わしいとして公開質問状を出したが、何俊仁自身、ある会社の取締役に就任し、その会社の名義で一二〇〇万ドル以上の価値のある九龍東方花園の家と駐車場を所有していたことを隠していたという。さらに二〇一四年、立法会で当時の財政司長が予算案を説明している最中に、iPadで三〇分も何枚もの妖艶な女性の写真を見ており、その後、何俊仁は「AV仁」というあだ名をつけられた。〟

〝何俊仁は区議会議員、立法会議員としての知名度を活かし、時に反米、時に反中の立場を取る優柔不断な人物で、次第にアメリカの政治的スポークスマンのようになった。彼は中国の人権問題や制度を批判し、香港特別行政区基本法第二三条[*7]に関する条例制定にも反対した。〟

〝何俊仁は警察の権限を抑制すべきだと主張しているが、「民主」と「自由」を旗印にデモ参加者をテロリスト同然の暴徒に転換するよう促し、それによって香港の秩序を破壊したのはまさに何俊仁だ。〟

――この記事には詳しい説明も添えられているが、それらからは、中国当局[*8]が何を「罪」と見ているのか、そのスタンスが非常によく分かる。

中国当局は、
・中国の一部である香港の問題に海外の勢力が介入することを許さない
・なかでもアメリカを強く敵対視している
・アメリカの議員や高官と意見交換するために会うだけでも、「黒い仲介者」という風に特別なつながりがあると捉えている
・合法的に行われたものであっても、アメリカでの政治献金や香港の民主派を支援するための献金などを「黒い金」と捉えている
・献金などに関しては、具体的な金額や出どころを書いているが、どのような経緯で受け取ったのかについては説明していない
・人としての資質や道徳観に鑑みて、その人物を信頼できるかどうかを問うている
・香港警察による暴力の行使、拘束、プライバシーの侵害などを国際社会に訴え、啓発や権力

の監視のためのシステムづくりを行うことを批判的に見ている
ということだ。

私自身はどのように見ているかを述べていこう。

この四人の一人である何俊仁は、私自身の印象では、弱い立場にいる人を助けることに関して強い意志を持つ、温和で、チャーミングな人だ。議会の最中にiPadで女性の写真を見ていたことは、若い活動家たちからも聞いた。「議場で女性の写真なんて見ていたら、上の席のメディアに望遠で撮影されるんだから。それにも気づかず、ずっと見ていたなんて、恥ずかしい！」と笑っていたが、別の若い活動家は、「香港の民主化に向けて基礎をつくってきた何俊仁らを尊敬している」と話していた。

何俊仁は、香港大学法学部の学生時代、学生運動に参加している。一九七〇年代は、香港の大学は香港大学と香港中文大学の二大学だけだったが、さまざまな政治的立場の学生たちが活発に学生運動に参加していた。その多くは現在、香港の政界、メディア、文芸界で重要な役割を果たしている。何俊仁は労働運動や釣魚島（尖閣諸島）を守る運動に参加し、香港大学学生会の評議員にも選ばれている。一九七七年に大学を卒業し、弁護士になった何俊仁は、社会的弱者や抑圧されている人たちのために働く中で、政治に関心を持つようになった。その頃の彼の主張は香港の祖国復帰を支持し、民主的な統治を実現するというものだった。それは今も基本的に変わってはいない。

何俊仁は一九九〇年、初の立法会選挙（一九九一年）に向けて設立された香港で初めての政党「香港民主同盟」（現在の民主党の前身）の結成にも関わった。その後、立法局議員、区議会議員、立法会議員、民主党の党首を二期務め、現在は「中国の人権派弁護士に関心を寄せる会」や天安門事件の追悼集会の主催団体として知られる支聯会「香港市民支援愛国民主運動聯合会」の主席を務めている。「民主活動家の釈放、天安門事件で処罰された者の名誉回復、天安門事件の責任追及、一党独裁の終結、民主中国の建設」の五つを掲げて活動を続けている。

陳方安生も香港では知らない人がいないほどの人物だ。私は香港留学時代、度々メディアに登場する彼女を見て、活躍する女性リーダーとして憧れに近い気持ちを持っていた。私の印象の中では、穏やかな語り口の中にも鋭い思考と強い意志がにじみ出ており、さらに、立ち振る舞いもエレガントな人だった。こんな人までもが、中国当局の「ブラックリスト」に載せられてしまうのか……。いや、こんな人だからこそというべきか。

陳方安生は香港大学英文学科を首席で卒業し、政務主任として香港政府に入った。一九九三年、英領香港最後の総督クリストファー・パッテンに華人として初めて布政司（現在の政務司長）に任命された。陳方安生に対する香港市民の信頼は厚く、香港返還後、彼女に行政長官になって欲しいという声が各方面から上がったが、実現せず、返還後は董建華行政長官の下で政務司長に就任した。陳方安生は、トップダウン型の政策決定を重視する董建華行政長官としばしば意見が合わなかったと言われており、二〇〇一年には政務司長を辞任している。

李柱銘は、政治家として二三年のキャリアを持ち、香港の古参の民主派の顔とも言える人物だ。

「大律師」と呼ばれる法廷弁護士（バリスター barrister）の中でも一〇年以上の経験があり、実績が認められる者だけに与えられる「資深大律師」の地位も持つ。[*9] 民主党の結成メンバーの一人であり、二〇〇八年に引退宣言をするまで連続して議員に当選している。

ところで、何俊仁も李柱銘も、返還前は立法局議員を、返還後は立法会議員を務めている。現在の香港の立法会は、中華人民共和国香港特別行政区の立法機関でイギリス植民地時代の立法局を前身とする。立法局議員は一八四三年に三名が任命され、一八四四年に最初の会議が開催された。議員数は少しずつ増え、労使紛争から反英運動に拡大した六七暴動[*10]の後には、社会を安定させ、部分的に民主化を図るためとして、二六名に増えた。一九八五年には間接選挙制度が導入され、選挙団枠と業界団体から選出される職能選挙枠から選出するシステムとなった。一九九一年の選挙で直接選挙枠が導入され、議席は六〇にまで増えた。

直接選挙枠では返還前の中選挙区制と小選挙区制が、返還後には名簿式比例代表制となった。五つの選挙区別に票を集計し、毎区一定数の議員を選出する現在、議席数は七〇（直接選挙および職能団体選挙が各三五議席）となっている。

李柱銘のキャリアはとても興味深い。中国との関係が緊張していた一九六〇年代、李柱銘は弁護士として、中国共産党と近い立場にいる労働者の弁護を担当したこともある。先述の六七暴動などを見ればわかるように、当時、イギリスに対抗する立場に立つこうした弁護を引き受けるのは容易ではなかっただろう。そのような「実績」が評価されたのか、一九八五年、李柱銘は中国政府が組織する香港特別行政区基本法起草委員会の委員に選ばれる。同年、法曹界の職能枠で立法局議員に当選し、香港法律改革委員会のメンバーにも選ばれ、植民地下の法律や代議制を改革しようと奮闘した。法律の英文・中文表記を進める活動にも積極的だった。

しかし、天安門事件の後、李柱銘は抗議の意味を込めて、基本法起草委員会の委員を辞任する。中国側はそれを受け入れず、李柱銘の委員資格を剥奪すると通達した。

李柱銘のホームページの最初のページには、李柱銘が初代党首を務めた民主党のマニフェストが掲載されている。それは彼の信念に連なる内容であるが、そこには、「香港の中国への返還を支持する」「香港人による高度な自治を追求する」、そして「香港人は自らの国（中国）の問題に関心を持ち、それに関わる権利と責任がある」と書いてある。*11

何俊仁も李柱銘も、進歩と繁栄の基礎として民主、自由、人権、法の支配が重要であり、それらは祖国である中国でも実現すべきである、そして、香港の民主化は中国のそれとつながっていると考えている。

彼らはある意味で、非常に「国を愛している」のであるが、中国当局の圧力を受け、香港人が中国に渡航する際に必要な「回郷証」を没収され、中国には入国できない状態だ。また李柱銘は、アメリカをはじめとする国際社会に向けて、香港の高度な自治を保障するためにこの状況を傍観していてはならないと訴え続けており、彼のこうした働きかけに対しても、中国当局は神経を尖らせている。

アップルデイリーの創業者

最後の一人、黎智英は二〇二〇年八月一〇日、国家安全維持法違反の容疑で一〇人のメディア人や活動家とともに逮捕された。黎が創業した『蘋果日報』（アップルデイリー）は一貫して中国共産党政権に批判的な立場を貫いてきた。この日は二〇〇人以上の警察が一斉に「壹傳媒」（ネクスト・デジタル）の本社に家宅捜索に入り、資料やパソコンを押収し、黎智英らを連行した。

国家安全維持法については7章で詳述するが、ここでも簡単に触れておこう。国家の分裂、中央政府の転覆、テロ行為、外国勢力との結託に関する犯罪を規定する法律として、二〇二〇年六月三〇日、中国の全国人民代表大会が決議し、即日施行した。本来、香港の立法会で審議するべき法案だが、無茶なやり方で強行採決されたのである。

黎智英とは一体どのような人物なのか。多くの自伝や紹介の記事があるが、それらには、彼が裸一貫で大メディアのトップにまで上り詰めたことが綴られている。[*12] 黎智英は幼少時から、自ら働いて生活してきた。父は香港におり、母は労働改造施設[*13]へ送られていた。二人の姉と兄は高校、大学への進学でそれぞれ実家を離れており、家に残されていたのは双子の妹と軽微な知的障害のある姉だけだった。黎智英は鉄屑を売ったり、駅で荷物運びを手伝ったりして金を稼ぎ、家族を支えていたという。

一九六〇年、黎智英は一二歳の時に一香港ドルだけを持って、マカオから香港へ密入境した。香港に行こうと考えたのは、香港の旅客の荷物運びを手伝った時に、金の代わりにチョコレートをもらい、そのあまりの美味しさに、香港は天国のようなところに違いない、自分は香港人になるんだと考えたからだという。香港の工場で働き、経理を学び、小学校しか出ていない黎智英は、いつしか英語が流暢に話せるようになっていた。

株式市場で儲けを出した黎智英は一九八一年に、アパレルのチェーン店・ジョルダーノを創業した。そして、一九九〇年にはジョルダーノの株を売り、「壹傳媒」を設立し、週刊誌『壹週刊』を立ち上げる。一九九五年に発行を開始した『蘋果日報』は、やがて、発行部数七〇万部を超えた。芸能人のゴシップ記事や、政治家への鋭い批判などが特徴で、台湾でも二〇〇一年に『壹週刊』を、二〇〇三年に『蘋果日報』を立ち上げ、香港風の「パパラッチ文化」を台湾にもたらしたと話題になった。二〇〇九年、黎智英は中華民国の身分証を申請し、中華民国（台湾）の国籍を取得している。イギリスのパスポートも保有する二重国籍者である。

黎智英は「天安門事件がなければ、メディアを設立していなかった」とさまざまな場面で話している。天安門事件当時、ジョルダーノは活動に参加する人たちのために、「下来！　我們憤怒了！」（降りてこい！　私たちは怒っているんだ！）といったスローガン入りのTシャツを作り、無料で配布した。黎智英が李柱銘ら民主派のメンバーに出会ったのはこの頃だという。黎智英は、当時の李鵬首相に向けて公開書簡を出すなどして、当局の対応を批判したため、ジョルダーノの中国国内でのビジネスには支障が出るようになった。株式を売り払い、メディア事業に参入したのは、そのような背景もある。香港返還後、多くの香港メディアは中国寄りになっていったが、壹傳媒は一貫して中国共産党政権を強く批判し、自己検閲をしないと宣言してきた。

二〇一四年五月、いったん『蘋果日報』から退いていた黎智英は、再び社長に復帰した。その年の九月から雨傘運動が盛り上がりを見せる中、積極的に活動に参加していた黎智英は一二月一一日に逮捕され、『蘋果日報』の社長、壹傳媒集団の理事長、執行理事から退いた。二〇一五年には、黎智英は雑誌『タイム』の「一〇〇人の今年度の影響力ある人物」にも選ばれている。

黒ずくめの中学生

この日、歩き始めた時には人と人との間のスペースに余裕があったのだが、人の波は膨らみ続け、半時間もすると前後左右、ぎっしりと人で埋まってしまい、どちらの方角にも進めない状態になった。これだけの人たちが、「五大要求、一つも譲れない！」と五本の指を一本ずつしっかり広げて掌を顔の前に出し、少し歩いては止まり、また歩き始め、声を上げ、前に進み続けている。こんな風に心を一つにしようとする人たちの中にいて、私もなんとなく気持ちが熱くなってきた。「五大要求」のうち、逃亡犯条例改正案は撤回されたが、残りの項目の実現を、多くの人々が訴え続けている。デモを「暴動」と認定した香港政府の見解の取り消し、警察の暴力に関する独立調査委員会の設置、拘束・逮捕されたデモ参加者らの釈放、行政長官選や立法会選での普通選挙の実現、の四つである。

デモに参加する人たちは、皆、マスクなどで顔を隠している。ほとんどの人は穏やかに歩いているだけだが、私はまだ、なんとなく緊張していた。何俊仁が「そろそろ家に帰る」と列から離れたので、私は友人の江瓊珠（コン・キンチュウ）と盧敬華（ロ・キンワー）と一緒に、人の流れをぼんやりと眺めていた。

二人は、二〇一五年七月九日頃に三〇〇人以上の弁護士や活動家が一斉に取り調べを受けたり、連行されたりした事件——いわゆる「七〇九事件」についての記録映画「七〇九の人たち」とその続編「七〇九の向こう側」を撮った。撮影中の第三弾「七〇九の仲間たち」は、中国の弁護士やその家族を支援する海外の友人たちを取材しており、私も取材対象に含まれていた。

コンは、「若い人たちに話を聞いてみようか」と、ミネラルウォーターやスポーツドリンクを配っていた小さな子どもに声をかけてくれた。

上から下まで黒い服に身を包み、頭もすっぽりと首までカバーできる黒い帽子を被っているので、外に出ているのは目元だけだった。近づいて見てみると、とても愛らしい目だ。私は広東語が話せないので、普通話で香港の友人と話していると、一瞬、愛らしい目の表情が曇ったように見えた。友人が即座に、「この人は日本人よ。広東語が話せないから私が通訳するね」と広東語で話した。そうか。普通話で話すと、中国大陸から来た人だと警戒されるのだ。私の周りには、中国出身でも、香港の民主化運動に同情的な人も、積極的に参加している人もいるというのに、こんな風に使う言葉一つで「中国人」を遠ざけ、「香港人」でまとまろうという意識が働いているのだ。

聞くと、少年は一四歳の中学生だという。私の息子は小学三年生（当時）だが、この子より少し背が低いぐらいだから、なんだか我が息子を見るような気持ちで一四歳の中学生を見た。

「今回は、九〇〇ドルの募金が集まったんだ。お金を集めて飲み物を配るのは、もう七回目だよ。僕は〝前線〟に行って〝勇武派〟のように闘うことはできないけれど、〝勇武派〟と同じ気持ちで活動している」

コンが質問した。「お母さん、お父さんはなんて言っているの？　あなたのこのような活動を理解してくれているの？」

「両親には気をつけて行動しなさいと言われているんだ」

「そうなのね。ご両親はあなたの意思を尊重して、見守ってくれているのね。それは素晴らしいわ」

コンによると、「前線」に行く若者は少なからず、親とコミュニケーションがうまく取れなくなり、絶縁状態だという。理解を示す親もいるということを知って、コンは嬉しく感じたようだ。ところで、「前線」はどういう意味で使っているのか。「勇武派」とは、どのような人たちなのか。

「前線」というのは、最も前方、つまり、最も激しく警察と衝突する立ち位置という意味で使っているようだ。「前線」で闘うのは大抵、「勇武派」である。過激な暴力の行使さえ辞さない若者たちで、特に二〇一九年六月頃から、店舗や道路などの破壊、放火、警察との直接の衝突など、暴力的な行動をエスカレートさせている。しかし、勇武派は平和的に活動する人たちから批判されるどころか、一定の支持を得ている。

人波に押されて疲れ果てた私たちはその後、大通りから少しそれた脇道に入った。そこにも黒服で装備を固めた若い人たちが歩いていた。友人が次に声をかけてくれたのは、なんと、少し前までまさに「前線」となっていた香港理工大学で籠城していた同大学の現役生だった。

大学籠城

香港には香港大学、香港中文大学、香港理工大学、香港城市大学、香港科技大学、香港浸会大学、嶺南大学、香港教育大学の八つの大学がある（大学教育資助委員会の補助を受けている大学）。このうち、香港理工大学、香港中文大学が二〇一九年一一月、デモの「前線」となり、学生たちは外からきた活動家たちとともにバリケードを築き、活動に介入しようとしてくる警察に対抗した。

デモ隊の行動がここまで過激化したのは、彼らの心に火をつけてしまう出来事が、この時期に立て続けに起こっていたからだろう。一一月四日、香港科技大学の男子学生・周梓楽（アレックス・チョウ）が将軍澳のマンションの立体駐車場で意識不明で倒れていたところを発見され、八日に死亡が確認された。周梓楽は警察に追われ、逃げる途中で誤って転落したと見られる。大学生の死を悼む人たちの抗議活動が活発化する中、一一日、抗議活動に参加していた若者に警察が実弾を発砲し、二人が負傷した。大学生や市民で組織するソーシャルメディアが、この時の様子を克明に撮影しており、映像は瞬く間に全世界に広がっていった。

警察が威嚇発砲なしに、武装もしていない若者たちに対して、こうも簡単に実弾を発砲してしまうのかという疑問の声が次々に上がった。一二日、香港中文大学構内に警察が強行突入し、催涙弾や放水車を使い、学生を多数拘束した。籠城する学生たちは火炎瓶や弓矢で応戦し、さながら戦場のような状態となった。大学側はその学期の授業を全て中止にし、香港教育局は全ての学校の臨時休校を決定した。

警察と衝突した学生、その他デモ隊のメンバーは香港理工大学にも逃げ込み、一時は一〇〇〇人以上が立てこもっていたと見られる。籠城を続けるデモ隊と警察の間で膠着状態が続き、キャンパス内に残っている食料も底をついてきていた。キャンパスと大学をつなぐ陸橋を伝うなどして、外に脱出する者も出てきた。警察の待ち受ける出口から出て、投降する訳にはいかない。二〇日には、下水道を使ってキャンパスから脱出を図る者まで現れたが、彼らはマンホールを出たところで逮捕された。他に選択肢がなくなった者たちは、警察や大学関係者の呼びかけに応じて、投降することを選んだ。激しい抗議活動は徐々に沈静化し、二七日、籠城者が残っていないことを確認した大学は、警察に包囲を解くように要求する声明を出した。つまり、最終的には、警察が香港理工大学の立てこもりを制圧した形になった。

一二月八日にコンが声をかけた学生は、香港理工大学の工学を専攻する学生で、キャンパスで籠城していた際、警察から逃れて狭い部屋に三人の学生たちと逃げ込んだという。暗闇の中、息を潜めて、ドアを隔てて警察が話している声を聞いた時の状況を話してくれた。

「携帯も使えないし、誰とも連絡が取れない。時間が経つにつれて、喉もカラカラに渇いてきた。次はどこに踏み込んで、どのように攻撃するかとか、警察が時折、笑いながら話している声が聞こえてくるんだ。ずいぶん長い間隠れていたから、警察が出て行った時には緊張から解き放たれて、腰が抜けそうになったよ」

彼も先の一四歳の男の子と同じように、頭から足先までの全身を黒で覆っており、盾のようなものを持っている。遠くから見ていると、テロリストかと錯覚してしまうのだが、近寄って話すと印象が全く変わる。唯一外に出ている眼鏡をかけた目元の表情から、そして声から、穏やかで、素朴な若者という雰囲気がにじみ出ている。

彼も「前線」に行くことを厭わないと力強く話した。「明朝には、〝黎明計画〟という行動が計画されているんだ。朝四時ぐらいから集まって、地下鉄の駅をブロックするんだ」

「そんなに早くから出かけていくの！」と驚く私に、「やるべきことをやるまでさ。まだ具体的な集合場所と時間が決まっていないけれど、決まり次第準備しないと」と彼は軽やかに答えた。

「黎明計画」は、通勤時間帯を狙って駅から人が出入りするのを妨害するという内容だったが、どうやら計画は失敗したようだ。早朝から、香港全土にわたって同時多発的に行うこうした示威行動は、そう容易に実現できるものではない。この時点で、半年以上にわたって警察とデモ隊との激しい衝突が続き、駅や空港、幹線道路が封鎖される事態に陥っていた。デモを支持する人たちの間にも、生活や仕事が正常に進められないことへの苛立ちが高まりつつあった。

一二月八日の夜は、香港中文大学教授の周保松（チョウ・ポーチョン）とジャーナリストで数々のソーシャルメディアを率いてきた張潔平と食事をすることになっていたので、湾仔の方向へ地下鉄と徒歩で移動した。

すっかり日が暮れたというのに、デモ行進はまだ続いていた。通りは人でぎっしり埋め尽くされ、人々は「五大要求、一つも譲れない！」と叫びながら歩き続けている。すっかり定着した『香港に栄光あれ』（Glory to Hong Kong）の前奏が流れてくると、なんとなく雰囲気が盛り上がってくる。デモ参加者が声を合わせて歌い上げると、歓声と拍手が湧き上がる。

なぜ涙止まらぬ
なぜ怒りを感じる
顔を上げ、叫びよ届け
自由よ、ここにあれ
なぜ恐れが残る
なぜ信じて進んでいく
なぜ傷ついても叫んでいる
自由よ、輝け

星が落ちる夜に
霧で角笛が響く
自由よ、集まれ、立ち向かえ
勇気と叡智は消えぬ
夜明けだ、香港を取り戻せ
この時代に正義を、革命を
どうか民主、自由よ朽ちないで
香港に栄光あれ

『香港に栄光あれ』は今回のデモをきっかけに、香港のネット掲示板『連登』のメンバーが書き下ろした歌であるが、今や、少なからぬ人たちが、これを香港の非公式な「国歌」と捉えている。

生卵攻撃とモラル

デモ隊の流れに沿って歩いていると、私も人の波に押されて前に進まなければならなくなる。そろそろ隊列から逸れようとするのだが、なかなかスペースが見つからない。しばらくキョロキョロとしていると、ポッカリ空いている一角が見つかったので、そこで足を止め、列から離れた。

顔を上げると、「中国銀行 中国海外大厦」（中国銀行 中国海外ビル）という看板が目に入った。中国銀行は「青と黄色の経済」で説明した分類に当てはめると「青色」（親中派）というよりか、中国の国有銀行だから、「真っ青」といってもよいぐらいの企業だ。シャッターが閉まっているこのビルの入口は、なぜか人が寄ってこない。立ち止まって休もうという人も、このビルの前は避けているような感じだ。

なんだかおかしいなと思いながら休憩していると、私の背後から黒ずくめの服の若い男女六〜七人が現れ、ペンキの入ったスプレー缶をバックパックから出すと、銀行のシャッターに「五大要求、一つも譲れない！」と大きく書いた。あまりにも突然で、私は緊張で体が固まってしまった。どんな子たちなんだろう。目元だけでも覗きたい、できることなら声をかけたいと思ったが、なんだか怖くなってしまい、その子たちの方に体を向けることさえできなかった。私が普通話で話せば、彼らは中国大陸の人間だと考え、攻撃的な態度を取るかもしれないと身構えてしまった。彼らは中学生、いや高校生だろうか。大学生よりずっと若い感じがした。

友だち同士なのだろうか。ケラケラ笑いながらシャッターに落書きを続け、他の子たちは、黒い傘で落書きをしている子たちを隠していた。落書きが終わると、黒服の集団は一斉に銀行の入口を離れた。その時、二人が振り向き、鞄から卵のパックを二ケース取り出すと、一つ一つ卵を握って、シャッターに勢いよく投げ始めた。彼らはまたケラケラと笑い、卵を全て投げ終わると全員その場を去って行った。

一瞬の出来事だった。デモに度々参加している人はよく遭遇しているのかもしれないが、私はかなり動揺していた。そして、彼らが去った後、なんとなく後味が悪くなり、考え込んでしまった。あの子たちはケラケラと笑っていた。中国系の企業に打撃を与えたいのだろうが、落書きやシャッターの破損は器物損壊の罪になる。遊び半分でこんなことをするなんて、どういう気持ちなんだろう。自分は側にいたというのに、この子たちに何も言えなかった。大人として、一言声をかけるべきではなかったのか。

そういえば、マリーはFacebookで、モラルに欠け、偏った思想を持つ教員を批判していた。二〇二〇年二月二四日、孔聖堂中学の副校長が「〝黒警〟は家族もろとも死んだらいい。一人も譲れない！」と書いたネットユーザーの投稿を、自分のFacebookに転載して炎上した時のことだ。マリーは「教育界の恥！」と怒りのマークを添えてコメントし、『儒家？　愚家？』というネットの記事[*14]をシェアした。孔聖堂中学は儒学教育を謳う中学であるにもかかわらず、副校長がこのようなモラルに欠けるコメントを拡散してよいのかという内容である。この副校長は停職処分を受け、副校長の職務は解かれたが、普段の働きぶりを考えて復職は許可された。この記事では、「暴力だけでなく、嘘つきまで社会的圧力から庇護しようとするのか」として、学校の決定は甘いと厳しく批判している。

今回のデモには、中高生までもが積極的に参加している。その中には、暴力をも辞さない強硬なグループ「勇武派」に入る者もいる。そして、「和理非」（平和、理性的、非暴力）を貫くグループも「勇武派」の彼らに一定の理解を示す。民主化を求めるグループの間に分裂が生じないようにしているのだという。

若い人たちがここまで抗議活動に没頭するのは、どうしてなのか。彼らはどこを目指すのか。二〇一四年に「真の普通選挙」を目指した雨傘運動と二〇一九年のデモには、どこに共通点があり、違いがあるのか。また、教育に関わる教員や大人は、どのように学びを深める段階の子どもたちの思考形成や行動を支えるべきなのだろうか。親に連れられてデモ行進に参加し、かわいらしい声でスローガンを叫ぶ就学前の小さな子どもを見て、私は複雑な気持ちにもなっていた。

光復香

3　マスクとメディアと言論

マスクは違憲か合憲か

二〇二〇年二月二一日、元立法会議員の區諾軒（アウ・ノックヒン）が、Facebookのメッセンジャーで「東大の大学院に進学することになりました」と連絡をくれた。「香港はね……ほぼ全員マスクをつけましたよ」と一言添えて。ちょうど、新型コロナウイルスの感染拡大で、マスクを必ずつけるようにと香港政府が指令を出したところだった。

香港政府は、前年の一〇月にデモ参加者のマスク着用を禁止する「覆面禁止法」を出した。それが、今は全員にマスクを着用するように呼びかけている。

覆面禁止法は、議会の審議を経ずに設けられる「緊急状況規則条例」の発動によって提出された。緊急状況規則条例は、イギリスの植民地時代の一九二二年に制定され、最後に発動されたのは一九六七年。中国における文化大革命の影響で、香港で左翼勢力の暴動が起きた時だ。爆弾テロが起き、一般市民を含む多くの犠牲者が出るほど深刻な事態に陥り、夜間外出禁止令が出された。それから一度も出されていなかったこの超法規的措置を、デモを抑止するために使おうというのだ。

そしてその一ヶ月後の一一月一〇日、香港高等法院（高裁）は香港基本法に違反しているとして、それまで暫定的に認めていた覆面禁止法を無効とする判断を下し、同月一八日、同法は効力を失った。香港基本法は憲法に等しい法律である。香港基本法違反という判断は、すなわち、違憲判決が下されたということになる。香港政府は高裁判断を不服として一一月二五日に上訴したが、上訴法廷は一二月一〇日、政府の仮処分の要求を拒否する判断を示し、覆面禁止法は再び効力を失った。ところが年をまたいだ四月九日の上訴法廷では、緊急状況規則条例は「公共の安全に危害を与える状況下では認められる」として、一部合憲の判決が下された。

一一月の一審判決は、覆面禁止法は「合理的必要性を超えている」と判断していたが、上訴法廷は、合法的な集会・デモでのマスク着用を禁止するのは違憲で、不法集会・デモでのマスクの着用を禁止するのは合憲との見解を示したのである。最終的な判断は、終審法院（最高裁）に持ち越された。

顔認証システムが発達し、監視カメラが街の至る所に設置されるようになった現在、自分の写真や映像は、自分が知らないところで記録され、蓄積されているかもしれない。覆面禁止法はデモの過激化を防ぐためだと主張する者もいるが、この法の存在は無言の圧力となり、表現の自由や集会結社の自由を制限していくだろう。つまり、顔を隠さずにデモに参加すれば、将来自分や家族に不利益が生じると不安に感じる人が少なくないのだ。そもそも、逃亡犯条例の改正に反対の声が高まったのは、この改正案が通れば、中国当局が容疑者とする者の中国への引き渡しを要求できるようになるからである。そうなると、香港で中国政府に批判的な発言をしたり、平和的なデモ活動に参加したりするだけでも、中国では有罪とされるかもしれない。

ところで、香港の基本法の解釈権は中国で立法を担う全国人民代表大会（全人代）が持っている。覆面禁止法に関して全人代の報道官は、香港の裁判所が基本法に違反するかどうかを判断する権限はないとし、国務院香港マカオ事務弁公室（中国政府の香港問題を担当する部門）の報道官は、高裁の判断について「全人代の権威と香港の行政長官の権力に公然と挑戦するもので、社会に深刻なマイナスの影響を与える」との談話を発表した。

立法機関である全人代が、自ら法律の解釈権を持つというのは、三権分立を採用する国ではあり得ない。しかし、中国は全人代が国家権力の最高機関であり、行政機関である国務院や司法機関である人民法院（裁判所）は、その下に置かれている。日本では、裁判所は違憲立法審査権を有しており、国会が作った法律が憲法に違反していないかを判断するが、中国の政治体制では、司法による違憲立法審査は不可能だ。さらに、立法、司法、行政を超越する存在として中国共産党がある。党はすべての機関を領導する（指導する）立場にある。共産党内部の政法委員会は、司法の判断を覆すことさえできる。つまり、政治が法を凌駕するのである。政府に不利な状況を作り出し、社会的論争をまねく司法判断は避ける、という暗黙のルールがある。

民主主義国家においても、超法規的な措置を安易に認めてしまえば、法治国家とはいえない。国民の自由は大幅に制限されてしまうだろう。民主主義と法の支配は、車の両輪のように共になくてはならないものだ。香港の人たちがこの二つを切望する理由がここにある。

緊急事態

日本では、自民党が二〇一八年三月にまとめた四項目の改憲案に、大規模災害への対応を理由に緊急事態条項を盛り込んだ。これに対し、民主的な手続きを省略し、緊急事態を口実に市民の自由を制御する条項は民主主義と相容れないとして、批判の声が上がった。一方、新型コロナウイルス特措法に基づいて発令された緊急事態宣言は、外出や移動の自粛を呼びかけ、休業を要請するレベルに留まり、ヨーロッパやアジアの各国が困窮する企業や人々に対する支援策を次々と打ち出す中で、日本政府は大幅に後れを取った。新型コロナウイルスの突発的発生と世界各地への蔓延は、私たちが今まで当たり前のように送っていた生活を大きく転換させた。いったい私たちは「緊急事態」をどのように捉えるべきなのか。実際にそのような状況に置かれた時に、どのような行動を取るべきなのか。

中国で原因不明の肺炎で死者が急増しているとのニュースが多くの人たちに届いたのは、二〇二〇年二月になってからのことだ。しかし、その一ヶ月以上も前に、武漢の医師たちは警告を発していた。武漢市中心医院の眼科医・李文亮医師は一二月三〇日、華南海鮮市場で七名がSARS（重症急性呼吸器症候群）に罹り、武漢市中心医院の緊急科に隔離されていること、ウイルスが人から人に感染する可能性があることを、約一五〇人が参加する微信（ウィチャット）のグループに発信した。調査報道で高い評価を受けている中国の雑誌『財新』が、李医師に電話取材した（この時、すでに李医師は集中治療室で新型肺炎の治療を受けていた）記事によると、李医師は「人から人へ感染する可能性がある」ため、「臨床業務に就いている人に予防を心がけるよう」伝えたい一心で、自分が得た情報を流したのだという。

そのグループの参加者が、李医師が発信した検査報告書のスクリーンショットを撮り、インターネット上に投稿した。その人も、この情報は重要だと感じ、より多くの人に知らせなければと感じたのだろうか。同日、武漢市衛生健康委員会は『原因不明の肺炎に対する適切な治療についての緊急通知』をネット上に発表し、「いかなる機関及び個人も、許可を得ず、みだりに治療情報を外部に発信してはならない」と強調した。李医師は病院の監察課の事情聴取を受け、一月三日には派出所に呼び出され、「ネット上に不正確な情報を流した」として訓戒書に署名させられた。

同じ頃、中国中央テレビのニュースは、八名が武漢市公安当局からデマを流したとして調査を受けたと報じている。『財新』は、一月一日に武漢市公安当局の公式微信アカウントが、この八名を呼び出したと発信していたことを突き止めた。つまり、原因不明の肺炎について、注意を呼びかけようとしていた人たちが李医師以外にもいたということがわかる。李医師は『財新』の記者にこのように述べている。

「私は（自分の流した情報は）デマだとは思いません。なぜなら、報告書にはキッパリとSARSと書かれていたからです。それに私は単に友人たちに注意喚起をしたかっただけで、パニックを引き起こしたかった訳ではありません。（中略）健全な社会に必要なのはさまざまな声です。公権力を利用して、過度に干渉することには同意できません」[*15]

李医師が一月初めに眼科で診察した患者は、その後、新型コロナウイルスの感染によって死亡する。ほどなく、李医師自身にも発熱の症状が現れた。新型コロナウイルスに感染した李医師は、それから一ヶ月を待たずして、二月七日に三四歳の若さで死亡した。

李文亮医師が亡くなり、一ヶ月が経った三月一〇日、共産党系の人民出版社が発行する雑誌『人物』が、李医師と同じ武漢市中心医院の救急科に勤める艾芬（アイ・フェン）医師のインタビューを「笛を吹く人」と題して掲載した。「笛を吹く人」というのは英語の「ホイッスル・ブローワー」（内部告発者）から来ている言葉だ。同記事で艾医師は、李医師が手に入れてグループチャットに発信した検査報告書と同じものを入手し、同級生の医師に送ったところ、病院当局から出頭を命じられ、厳しい叱責を受けたと告白している。院内感染で医師が次々と倒れていく中、政府や党の関係部門からの指示は一向に出されず、習近平総書記が「全力で感染拡大を防ぎ、制圧する対策」を講じるよう指示したのは、一月二〇日になってからのことだった。共産党の中央政法委員会はSNSの公式アカウントを通じ、情報を隠匿すれば、「永劫にわたり不名誉という柱にくくり付けられるだろう」と警告した。

艾芬医師の勤める救急科は当時、平時の三倍に当たる一五二三人を受け入れ、病院のホールも患者で溢れかえったという。艾医師は李医師と面識はなかったが、李医師の気持ちを慮り、このように話している。

「後に事情が明らかになり、李医師の行動は正しかったと証明されましたが、私には彼の気持ちがよく理解できます。おそらく、（李医師は）私の気持ちと同じで、興奮したり、喜んだりはしていない。後悔の気持ちが強かったのではないでしょうか。もっと大きな声を上げ続けるべきだった、私たちに質問した全ての人に応えるべきだったと悔いていると思うのです。私は幾度も、時計の針を戻すことができれば良かったのにと思っています[*16]」

SNS上の攻防

艾芬医師のインタビュー記事がネット上に記載されたのは三月一〇日。しかし、そのわずか二時間後には削除され、発行された雑誌も回収された。それでも、艾医師の真実の声を伝えようという人たちが、SNS上でインタビュー記事を転送し続け、当局はそれを削除し続けた。ネットユーザーたちは検閲に引っかからないように、中国語だけでなく、さまざまな外国語や、中国古代の甲骨文字や篆書、絵文字、QRコード、モールス信号など、アイデア満載の表現方法で記事をSNS上で伝えた。

武漢市在住の作家・方方（ファン・ファン）は、一月二五日から毎日、封鎖下の武漢での日々の暮らしや政策に対する考えなどを綴り、SNSで発信した。彼女は、武漢のリーダーたちが市民に党や国家に感謝するよう求めることを批判し、「政府は人民の政府であり、人民のために奉仕する存在だ」と述べた。方方は「文明国家」の基準について、このように述べている。

「ある国が文明国家であるかどうかを測る基準は、ビルが高層であるかとか、車のスピードが速いとか、武器が先進的だとか、軍隊が威風堂々としているとか、科学技術が発展しているとか、芸術が高明であるとか、さらに、イベントが豪華で、花火が華麗であるとか、世界を豪遊し、世界中のものを買い漁る観光客がどれほどいるかとか、決してそうしたことではない。基準はただ一つしかない。それは弱者に対する態度である[*17]」

李医師の死から一ヶ月経った三月一九日、国家監察委員会の調査チームは調査報告書を発表し、一二月には武漢市内の複数の病院で原因不明の肺炎患者が確認されていた事実に触れた上で、李医師に対して警察が訓戒書を作ったことは不当であり、法執行の手順も規範に沿っていなかったと結論づけた。国家監察委員会は警察に対し、訓戒書の取り消しと関係者の責任追及も求めている。四月二日には湖北省政府が、李医師ら一四人を「烈士」に認定した。「烈士」は、殉職した軍人や治安要員、消防隊員らが認定対象となることが多く、遺族には補償がある。今回の一四人のうち一二人は院内感染後に死亡した医療従事者であり、「感染するリスクを顧みずに、第一線の職場を堅守した」ことから、「党と国家が授与する最高の栄誉ある称号」が与えられるのだという。李医師はあの世で、このニュースをどのような思いで聞いているのだろうか。

率直かつ辛辣な彼女の日記は、億にのぼる人が購読したとも言われている。彼女は日記を本として中国国内で出版したかったようだが、さまざまな障壁にぶつかり、あきらめざるを得なかった。彼女は度々、微博（ウェイボ）のアカウントを閉鎖されたり、ネットユーザーから攻撃を受けたりしている。方方はそれでも怯まず、『方方日記』の英語版をアメリカに本社のある出版社・ハーパーコリンズから、日本語版を河出書房新社から出版するところまで漕ぎ着けた。

中国の医師たちが発した警告が、すぐに中国全土に、そして世界各国に伝わっていたら、どれだけの感染者の命が救われただろうか。早くから、国を越えて情報を公開・共有し、謙虚に助言を求め合い、専門家同士が迅速に連携を進めていれば、もっと効率的に感染拡大を抑え込めたはずだ。

香港政府は、一月二五日には公衆衛生上の緊急事態を宣言し、幼稚園から大学までの休校措置、公務員の在宅勤務、テーマパークなどの大規模施設の閉鎖などの措置をいち早く講じた。

二〇〇二～〇三年のＳＡＲＳで、広東省や香港を中心に八〇〇〇人以上の感染者、七〇〇〇人以上の死者を出した時の教訓を活かした徹底的な策を取ったと言える。しかし、香港政府は中国大陸との出入境検査場を開けたままにしたため、医療従事者は中国大陸と香港の境界を完全に封鎖すべきだとして、二月三日から五日間ストライキを実施した。香港政府は二月四日に、香港国際空港、深圳湾口岸、港珠澳大橋以外の検査場を閉鎖したが、中国の人々が帰省や旅行で移動する春節（旧正月）に重なる時期に、感染者が急増していた中国との境界を閉じていなかったのは問題だと批判を浴びた。

また、香港政府はマスクの購入制限や配分を積極的には行わなかった。マスクの不足が深刻になり、値段が高騰し、一時は医療従事者にさえ行き渡らない状況に陥った。

そうした中、市民団体や企業が連携し、マスクを生産したり、配布したりする動きが広がった。区議会議員、立法会議員、政党関係者なども団地でマスクを配り始めた。民主化運動に積極的な「黄色」のグループも、率先してマスクの調達に動いた。

河童くんの政治力

二〇一四年の雨傘運動のリーダーの一人で、「デモシスト」（香港衆志）という政治団体の秘書長として活動していた（二〇二〇年の国家安全維持法施行直前に解散）黄之鋒は仲間と共に、アメリカなどから一〇〇万枚以上のマスクを輸入し、区議会議員などを通じて必要な人たちに配布した。しかし二〇二〇年五月、デモシストが配布・販売していたマスクは表示が不適切だったとして、デモシストのメンバーらが逮捕される事態に発展した。デモシストのマスクの箱は、民主派のシンボルカラーである黄色で、目立つところに「メイド・イン・チャイナではない」と書かれている。デモシストは、この表示について税関職員に「香港、マカオ、中国大陸、台湾で生産されたものにこのような表示をしてはならない」と言われたとし、「政治的圧力だ」と反発した。*18

黄之鋒は二〇一七年八月、雨傘運動において非合法集会を組織したとして、禁固八ヶ月の有罪判決を受け、服役している。二〇一九年八月三〇日には、同じく雨傘運動で活躍した周庭（アグネス・チョウ）と共に、突如逮捕された。六月にデモ隊が警察本部を包囲した不許可の集会を主導した容疑だという。反逃亡犯条例改正案をめぐるデモはリーダーなき運動と言われ、黄之鋒が集会を呼びかけたりはしていない。私は周庭に直接話を聞いたが、彼女も全く身に覚えのない容疑で逮捕されたと嘆いていた。二人の保釈は同日夜に認められた。

黄之鋒は「香港人権民主主義法案」の可決を促そうと、二〇一九年九月、保釈中の身のままに訪米し、米議会の公聴会で証言している。同月台湾から帰国した足でドイツへ、ドイツからアメリカへ行こうとしていたところ、空港で一時拘束されたが、保釈条件では逮捕前に手配されていた海外渡航は許可されていると判明し、ドイツとアメリカへの渡航も認められた。

「香港人権民主主義法案」は、一一月二七日にトランプ大統領が署名し、成立した。これにより国務長官は、二〇二三年までの毎年、香港の高度な自治を保障した「一国二制度」が機能しているかどうかを検証する年次報告書を発行しなければならない。機能していないと判断されれば、香港が受けている関税などの優遇措置を見直される可能性がある。香港で人権侵害を行った当局者に制裁を科したり、違反した政治家らの資産を凍結したりすることも可能となる。

国家安全維持法が施行されると、香港の自治権が侵害されたと判断したアメリカは、香港に対する輸出管理上の特別待遇を撤廃する方針を示した。二〇二〇年七月一四日には「香港自治法」が成立し、アメリカは資産凍結や事実上のドル使用の制限という形で、中国に対する経済的な制裁を発動することを可能とした。制裁は（一）香港の自治・自由を侵害した個人や団体を対象にドル資産を凍結、（二）第一段階の対象となる個人・団体と取引のあるアメリカ外部の金融機関に対する規制、（三）アメリカの銀行による融資・外貨取引・貿易決済の禁止、アメリカ内部の資産凍結、アメリカからの投融資の制限や商品・ソフトウェア・技術の輸出禁止の三段階からなる。

二〇二〇年八月七日、トランプ政権は林鄭月娥行政長官や中国政府の高官ら一一人に対し、アメリカ国内の資産を凍結する制裁を科したと発表した。

国際社会の協力を得て中国政府に圧力をかけようとしてきた黄之鋒らの態度に、中国政府は激怒している。中国共産党の機関紙『人民日報』系の新聞『環球時報』は、黄之鋒が渡米を前に、雨傘運動のリーダーの一人で二〇一七年に黄之鋒、羅冠聰（ネイザン・ロー）と共に逮捕され、有罪判決を受け六ヶ月服役した周永康（アレックス・チョウ）とともに『ニューヨーク・タイムズ』（九月一日）に投稿したオピニオン[*19]に対し、「社説」で痛烈な批判を展開した。

「黄之鋒ら若い〝新世代〟の売国奴たちには弱みがあり、自らの小さなグループの利益のために、香港の未来を危険な賭けにさらそうとしている。路上で暴力行為を組織し、空港を封鎖し、政府機関を襲撃し、国旗や国章を侮辱し、〝一国二制度〟という大きな枠組みを揺るがすことに失敗した。歴史上の全ての売国奴と同様に、外部勢力の太腿に必死でしがみ付き、自らの拠り所を見出そうとしている。彼らはとても古臭く、中国の歴史の中で落ちぶれていくだろう」

『環球時報』は二月二〇日、「〝河童〟黄之鋒 感染症流行下の狂気」と題して、黄之鋒らが調達したマスクについても反応した。「河童」は黄之鋒も自分に容姿が似ているということもあり、自らを面白おかしく表現する時に使うことがあるが、『環球時報』は黄之鋒を嘲りたいのだろう。記事の内容をざっとまとめるとこんな感じである。

「厚顔無恥な黄之鋒は市民を騙している。アメリカで調達した一〇万枚は歯科とネイルショップ向けのもので、細菌やウィルスの侵入を予防する条件を満たしていない。中南米で調達したものは粗悪な安物だ。生産地の中南米のホンジュラスは、世界の最貧国の一つで、コーヒーは有名かもしれないが、軽工業のレベルは非常に低い。こんな国から輸入したマスクの質が保証されているると言えるのか。現地の建築労働者が粉塵よけに使うようなマスクだろう。「香港独立分子」で香港衆志の頭目の黄之鋒は、マスクの販売を口実に、資金を確保しようとしているのではないか」

世界の大国になった中国が、二三歳の青年にここまで躍起になって反論するのも、大人気がないと感じるが、そのように言ってしまうと、中国政府が抱いている危機感を過小評価することになるし、黄之鋒にも失礼かもしれない。黄之鋒は香港人権民主主義法案をアメリカと折衝する際に、経済制裁を科すべき人物の名前まで挙げたと言われている。外見は素朴な青年でありながら、国際政治に鋭く切り込んでいく相当なやり手である。黄之鋒を主人公にしたドキュメンタリー映画『ジョシュア　大国に抗った少年』(二〇一七年)はネット・フリックスで全世界に配信された。

中国政府は、若者の間に民主化運動への共感が広がることを極度に恐れている。新型コロナウイルス拡大でデモができない中、ゲーム好きの黄之鋒は、任天堂のゲームソフト「あつまれ どうぶつの森」に活動の場を見出した。

これは、プレーヤーが無人島の住人になって、さまざまなキャラクターの動物たちと友だちになったり、自分でデザインしたグッズを交換したりして島をカスタマイズしてゆくゲームだ。黄之鋒はSNSで、民主主義のために闘う香港人たちの理想の社会をゲームの空間に実現できると発信した。マスクや雨傘、「香港光復」のバナーなど、好きにデザインし、ゲーム上で交換したり、キャラクターたちで集会を開いたりして楽しむことができるのだ。この黄之鋒の発信の翌日には、中国の多くのオンラインショッピングのサイトなどで突如「あつまれ どうぶつの森」がプラットフォームから削除されてしまい、ゲームファンたちは騒然となった(二〇二〇年四月)。

ウイルス制圧と権力

新型コロナウイルスで二〇二〇年一月から外出規制が出され、一時の静けさを取り戻した香港だが、政府と警察は抗議者たちに圧力をかけることを忘れてはいなかった。

二月二九日夜から三月一日、太子駅で、前年八月三一日の警察の無差別暴行に対する抗議デモから半年になるのに合わせ、久しぶりに抗議活動が行われた。特殊戦術部隊の隊員らが、太子駅では地下鉄の車両までデモ参加者を追いかけ、催涙スプレーを噴射し、無抵抗の人たちを警棒で次々と殴打した。この「八三一」の記憶を風化させないため多くの人が太子駅に集まったのだが、その一部は、取り締まろうとする警察に火炎瓶やレンガを投げたため、警察は催涙ガスで応戦し、一五～五四歳の一一五人を逮捕した。

さらに、四月一八日には黎智英、現職の立法会議員の梁耀忠、元議員の李柱銘、何俊仁、梁国雄（レオン・クオックフォン）、區諾軒、民主派団体・民間人権陣線の陳皓桓（フィゴ・チャン）ら一五人を、昨年の大規模な抗議デモに関与した容疑で逮捕した。黎智英、李柱銘、何俊仁については前章で紹介した通りだ。

梁国雄は「長毛」（ロングヘア）のニックネームで知られる社会主義政治家で、社会民主連線に所属している。本章の冒頭に登場した區諾軒の現在の肩書きは「元立法会議員」だ。二〇一八年三月、議員資格を剥奪された羅冠聰の議席を埋める補欠選挙で、雨傘運動の学生リーダー・周庭の立候補が認められなかったため、代わりに立候補・当選したのだが、裁判所は周庭の出馬不承認の手続きに不適切な点があったとし、この選挙を無効とした。その結果、區諾軒の議員資格は失効してしまった。

民間人権陣線は平和的なデモを主催してきた団体で、その主要メンバーである陳皓桓は、まだ二二歳の青年だ。二〇二〇年一月に明治大学で香港に関するシンポジウムを行った際には、陳皓桓もメインスピーカーの一人として登壇してくれた。

一五人は即日保釈された。

四月には習近平国家主席の国賓訪日が、七月にはオリンピック開催が控えていた日本は、タイミングが悪かったといえばそうなのだが、新型コロナウイルスへのさまざまな対策が後手後手に回った。

感染が急ピッチで拡大していた中国からの人の流れを止めるのも、習近平主席訪日やオリンピック開催の延期に関する決定も、国民への外出自粛や休業の協力を呼びかけるのも、それに対しての補償を提供するのもだ。マスクは恒常的に不足し、そろそろ市場に出回るだろうと思っていた四月になっても、待てど暮らせど、店頭にマスクが並んでいるのを見かけなかった。そのうち、政府から「各家庭に布製のマスクを二枚配布する」という政策が発表されたのだが、休業補償や病院への支援など、他にも資金が必要なのに、マスクの配布に多額を費やすのかと世論の評価を下げた。

欧米諸国や日本で感染者が急増する中で、長期にわたって武漢など一部の都市全体を封鎖していた中国は、感染拡大をほぼ征圧したと宣言した。

強制的に人の流れを止め、スピーディーかつ効率的に仮設の病院を建てて病床を確保し、さまざまな治療方法を試すなどしてここまで持ってきたことを、高く評価する声もある。

しかし、医師たちの初期の警告は隠滅させられ、重要な情報が迅速に伝わるべき部署に伝わっていなかった。上級政府からマイナス評価を受けることを避けようと、都合の悪いデータや情報を隠そうという習慣が官僚たちの間にはできていたのかもしれない。感染者数の中に無症状の感染者を含んでいなかったことが後から明らかになり、火葬場の骨壺と公表されている死者数が合わないといった指摘もネット上に流れた。

四月一七日、武漢市当局は累計死者数をそれまでより一二九〇人多い三八六九人と発表した。病院に収容できずに自宅で死亡したケースや、医療現場が混乱する中での報告漏れがあったためだという。

メディアに強い規制がかかっており、国民の政治参加が制限されている中国では、情報の真偽を広く、深く検証することが難しい。そんな状況の下で、中国の人たちは党や政府を絶対的に信頼しているのだろうか。さまざまな意見を調整し、国民との間でコンセンサスの醸成を試みようとする政治環境は、今の中国にはない。そんな中で、権力者と国民は互いに疑いの目を向け合いながら、それぞれの利害を計算し、自らの領域を必死で守ろうとしているのではないだろうか。

一方、台湾の新型コロナウイルス対策は、各方面から高く評価された。危機下においても、政府と市民とのコミュニケーションが比較的順調に行われ、専門的な知識を持つ閣僚が指揮をとって迅速に意見調整を行い、効果的な政策を次々に打ち出していったからだ。例えば、マスク不足解消のため、当時経済部長（経産大臣に相当）だった沈栄津（チェン・ロンジン）は、全国の工作機械組合、精密機械センター、マスク生産業者、紡績所、その他研究団体など三〇以上の企業と国家機関をまとめ、一ヶ月でマスクの製造ライン六〇本を立ち上げた。二〇二〇年四月の段階で、台湾の一日のマスク生産能力は一三〇〇万枚に達し、台湾政府はアメリカに二〇〇万枚、ヨーロッパに七〇〇万枚、日本に二〇〇万枚、その他国交のある国に一〇〇万枚を寄贈した。

全国のマスクの在庫一覧システムを作るための情報をＩＴ企業に公開し、国民に効率よく伝えるシステムを開発したのは、唐鳳（オードリー・タン）政務委員（ＩＴ担当大臣）だ。八歳からコンピュータープログラミングを開始した唐鳳は、ずば抜けて知能が高かったため、既存の学校教育に馴染めず、一四歳で中学を退学するが、一六歳で液晶ディスプレイやプロジェクターの世界的大手、台湾明基公司（BenQ）の顧問になるなど、ＩＴ関連企業の要職を歴任した。

唐鳳は台湾初のトランスジェンダーの閣僚だ。閣僚名簿の性別欄には「無」と書かれているという。唐鳳は特定の省庁には所属しない「無任所大臣」で、独自の予算権限やスタッフは持たず、各省庁にプロジェクトを提案し、行政院長の承認を得て実行に移す。つまり、省庁間に横串を通す役割を担っている。なかでも唐鳳が力を入れているのが、パブリック・オピニオンを募るネット上のプラットフォームづくりである。国民から政策アイデアを募り、社会の声が政府にしっかり伝わる仕組みをつくろうとしているのだ。毎週水曜日のオフィスアワーは対外開放し、提案がある人は、誰でも唐鳳とアポイントを取ることができるのだという。

米ジョンズ・ホプキンズ大学公衆衛生大学院で博士号を取得し、二〇〇二〜〇三年のSARS危機では行政院衛生署長として大活躍した副総統（当時）の陳建仁（チェン・ジエンレン）も、新型コロナウイルス対策に力を尽くした。

政府対策本部長で衛生福利部長の陳時中（チェン・シーチョン）も国民の支持を集めた。毎日の記者会見に質問が尽きるまで誠実に答え続け、思いやりに満ちた話し振りから「定心丸」（安心させてくれる人）と呼ばれた。政府配布のマスクの色が選べず、「ピンクは男の子が嫌がるのでは？」という男児の保護者からの質問を記者が取り上げた翌日には、陳時中ら中央感染症指揮センターの関係者全員がピンクのマスクをつけて登場し、「誰がどんな色のマスクをつけても構わないんだよ」「自分は小さい頃、アニメのピンクパンサーが好きだった。あの頃はピンクが人気の色だったよ」と子どもたちに語りかけた。

これら閣僚は立法委員（国会議員）ではない。台湾は日本のような長期にわたる自民党支配の議院内閣制とは異なり、閣僚は専門知識と実行能力のある者が就任する。国民とのコミュニケーションに力を入れていることも確かであろう。*20

二〇二〇年三月、私は学生たちを台湾での一週間のフィールドワークに連れて行く予定だったが、新型コロナウイルスの感染拡大で、やむなくキャンセルとなった。その事前講義のレポートに、学生がこのように記していた。

「台湾はなぜ迅速な対応ができたのか。それは、台湾政府の対応がそのまま選挙での当選率につながるからである。政府の打ち出す行政サービスや政策の質が悪ければ、次の選挙では国民に支持されないという極めて単純な論理である。ではなぜ、日本でも同じことが起こらないのだろうか。台湾の一月の総統選挙の投票率は約七五％であり、国民のおよそ四分の三が投票した。一方日本では、例えば令和元年の参議院議員通常選挙の投票率は全体で四九％と半分に満たなかった。また、年代別で見ると、六〇代の投票率は約六四％と低くはない値であるが、二〇代は約三一％であり、若い世代の投票率が極めて低くなっている」

「これでは、政府が労働者の主な年齢層である二〇～三〇代よりは、労働者の割合が少ない高齢者を優先してしまうのも無理ない話であるし、そもそも国民の投票率が低いのであれば、個人に合った政策ではなく企業を優先した政策になってしまうだろう。普段から政治に関心を持つ、というと若者にはハードルが高く感じられるかもしれない。しかし、政治の詳細や自分がどの政党を支持するべきなのかについてはわからなくとも、選挙に赴くことで自分の所属する年齢層の投票率を上げることができ、それにより有事の政府の対応に差が出てくるのではないか。今回コロナウイルスの大流行という非日常的な出来事により、日常で自分たちが取るべき行動が見えてきた」

赤と緑の選挙戦

二〇二〇年一月、私は台湾にいた。総統選挙と立法院選挙の時期に合わせて、台湾に視察に来てはどうかと、作家の龍應台から声をかけてもらったのだ。龍應台は、激動の近代史と庶民のライフ・ヒストリーを中心とする作品群で中国語圏で絶大な人気を誇っている。中国語圏で長くベストセラーとなっている代表作『台湾海峡一九四九』は、戦後台湾に渡った「外省人」[*21]の父と母、作者を含むその子どもたちの奮闘と苦悩を、国共内戦に関わった人々、南方戦線にいた日本兵、台湾人日本兵、連合国軍捕虜、中国軍捕虜など、異なる立場の人たちのストーリーとともに鮮明に描いている。

龍應台は満面の笑みで両腕を広げ、自身が代表となっている龍應台文化基金会のオフィスで私を迎えてくれた。

「台湾の選挙は一度見に行くと病みつきになるのよ。お祭りだからね」

龍應台文化基金会は、国際的視野を持つ次世代の育成を目標に掲げ、世界各国から学者や専門家を招いて講演会や、政治経済に関する討論会、ドキュメンタリー上映会を企画・運営している。私は二〇一八年に「思沙龍」（思考するためのサロン）のスピーカーとして招かれ、「戦争」について二〇〇人ほどの聴衆の前で話をする機会をもらった（7章に詳述）。龍應台や基金会の若いスタッフたちとは、その時からの付き合いである。

龍應台文化基金会のスタッフは、メディア関係者や研究者との意見交換、学校や選挙事務所の視察など、私のためにさまざまな活動をアレンジしてくれていた。選挙の二日前には、中正（蒋介石）紀念堂前の広場で行われていた国民党の韓国瑜陣営の「造勢活動」（選挙キャンペーンの遊説活動）を見に連れて行ってくれた。

最近は騒音への配慮や、ネット上の選挙活動も活発になっていることなどから、街中では以前ほどの盛り上がりには欠けるようだが、造勢活動を見て「台湾の選挙はお祭りだ」というのが台湾選挙初心者の私にもようやくわかってきた。ステージに大型のスクリーンが設置され、台湾各地と中継で結びながら、司会と候補者が「凍蒜（ドンスワン）、凍蒜（ドンスワン）！」と勢いよく掛け声をかけている。「凍ったニンニク？」一瞬頭にたくさんのクエスチョンマークが舞ったが、標準中国語の「凍蒜」（凍ったニンニク）は台湾語の「当選」と似た発音で、選挙のスローガンとして使われている。

「鋼鉄韓粉」（鋼鉄のように熱烈な韓ファン）とも呼ばれる韓国瑜の熱狂的な応援団は、上から下まで赤色をまとい、韓国瑜のキャラクターをあしらった帽子やタオルを身につけていた。国民党のイメージカラーは青色だが、中華民国の国旗は、赤字の左上に青い「青天白日」を配した「青天白日満地紅旗」だ。その赤色を意識しているのだろうか。この日は広場が真っ赤に染まった。韓氏を支持する韓粉（韓ファン）は中高年層が中心で、必ずしも昔から国民党を支持してきたわけではなく、軍人、公務員、教員の出身者、中国からの観光客の減少で影響を受けた零細事業者ら低所得者が多いと言われている。「韓国瑜、凍蒜！」（韓国瑜を当選させよう！）「蔡英文、下架」（蔡英文を引きずり下ろそう）と声を揃えて叫び続ける人々のあまりの熱狂ぶりに、文化大革命を想起するほどだった。

広場に入ってくる人は増え続け、私は途中で前にも後ろにも行けなくなった。このまま将棋倒しにされるのではないかと恐怖を覚えるほどだった。この人混みの中で、おじいさんが杖をついてよろけそうになりながらも、韓国瑜を一目見ようと前方に進み続けていたり、子どもに背負われたおばあさんが、涙を流しながら声を張り上げていたりと、テレビで紹介されていたような「韓粉」を実際に目の当たりにし、それまではぼんやりと「香港情勢の影響は大きいし、蔡英文の圧勝だろう」と考えていたのだが、「私の判断は間違っているかもしれない」と感じ始めた。

韓国瑜は「台湾のトランプ」とも称され、その行動や言葉遣いから、ポピュリスト（大衆迎合主義者）の色合いが濃いと言われている。「台湾安全、人民有銭」（台湾は安全で、人々には金がある）といった短いキャッチフレーズを連呼し、経済発展や庶民の視点を強調し、そのためには中国との関係改善を図る必要があると主張した。

一般に、台湾のメディアは政治的に偏りがあると言われており、緑系（民主進歩党寄り）、青系（国民党寄り）でそれぞれ読む新聞も、見るテレビ番組も分かれる傾向があるのだが、「旺旺中時メディア集団」が率いる『中天テレビ』や『中国時報』は、明らかに韓国瑜を好意的に取り上げる報道を展開していた。二〇一九年三月、「国家通信伝播委員会（NCC）」は中天テレビのニュース番組が政界の人物に関する放送の八八％が韓氏を取り上げたものだと改善を命令している。一方韓国瑜は、主要メディアの世論調査が出始めると、「メディアは操作されている」と主張し、支持者に「世論調査の電話がかかってきたら、全て〝蔡英文〟と答えよう」と呼びかけた。この韓国瑜の呼びかけで撹乱されてしまったのか、当初、蔡英文四割前後、韓国瑜二割前後だった支持率は、その後、五割前後、二割弱になり、調査の信頼性は揺らいでしまった。「選挙は水物」とも言われるが、これではますます予想も難しい。

いよいよ明日投票日という一月一〇日、台北の中心部を歩いていると、あちらこちらから広東語が聞こえてきた。香港の抗議デモに支持を表明している蔡英文を応援しようと、香港から多くの人が台湾に来ていたのだ。

地下鉄の駅で配られているチラシには、「今の香港は明日の台湾！」「台湾の人たちの行動にかかっている！」と書いてある。香港の若者たちは通りを行き交う人々にチラシを手渡しながら、「選挙に行ってくださいね」と声をかけていた。

大通り沿いを歩いていると、人がたくさん集まり始めており、交通整理が行われていた。「今から何かあるのですか？」と近くにいた人に尋ねると、この後、蔡英文が選挙カーに乗ってくるのだという。通りには、すでにさまざまな政党の車が見られたが、蔡英文と立法院議員候補者の写真や名前が貼られた民主進歩党（民進党）の車が見えると、大きな声援が上がった。

「小英、加油（英ちゃん、頑張れ）！」「香港人も頑張るから、台湾人も頑張れ！」

そのうち、大音量で「香港に栄光あれ」が流れてきて、ふと「ここは香港だったか」と錯覚した。商店に漢字の看板がかかっている街並みは香港も台湾もそう大きくは変わらないし、香港でも台湾でも、私は大抵、友人たちと標準中国語を話している。ちょうどこの日の昼は、香港から台湾に来ていた友人たちと食事していた。友人たちと別れた直後、「香港に栄光あれ」が聞こえてきたのだ。「自由のために闘う。五大要求は一つも譲れない！」と書かれた黄色の横断幕を広げ、道路沿いにはキャンペーンのために集まった人と観察しに来ている小さな人波ができ、車線を越えそうになっていた。

その時急に、警察官が四人ほど、膨れ上がった人波を目掛けてやってきた。一二月の香港に戻ったような光景。重装備の警察官たちが四方から走ってきて、デモ参加者を捕まえようとしている……。私はぐっと身構えて、警察官たちの様子を窺った。ロープで規制線を張っている警察官の一人が、メガホンを手に取った。

「車が走っている方に迫り出すと危ないですから、気をつけてくださいね！」

予想に反して、台湾の警察官は若い人たちに温かい声をかけた。この言葉を聞いて、私の周りに張り詰めていた空気は一気に緩んだ。大袈裟だと思われるかもしれないが、十二月に香港で得た感触とその記憶がしっかりと残っており、警察官が近寄ってくると、どうしても鼓動が速くなってしまったのだ。台湾の警察官たちが、若い活動家たちを捕まえたりはしないというのに。

前日は「赤」の陣営の勢いに圧倒されたが、この日の街頭では「緑」の陣営が目立った。民進党を支援する人たちが、選挙キャンペーンのチラシや旗、スローガン入りのエプロンを配っていた。野球帽をかぶったおじさんと目が合うや、彼は「二〇二〇年、台湾は勝たなければならない」と書かれた緑色のエプロンを持って私の方にやってきた。受け取ってお礼を言い、そのまま立ち去ろうとしたが、エプロンを身につけるのを手伝ってくれるというので、恥ずかしいなあと思いながらもエプロンをつけてもらい、おじさんと一緒に写真を撮った。前日に熱烈な韓国瑜ファンを見たので、私はこの日、蔡英文陣営を応援したい気持ちになっていた。

研究者として、バランスある見方をしたいし、自分の発言の社会的影響も考え、私は普段は、どこの政党や政治家を支持しているといったことを言わないように気をつけてきたつもりだ。しかし、この日は感情が理性に勝ってしまった。Facebookにおじさんと一緒に撮った写真を掲載すると、台湾に詳しい日本の研究者が「東大の教員がどちらの陣営を支持しているかがわかったら、いいように利用されるかもしれない。台湾のメディアは怖いよ」と忠告してくれた。

それでも、中国の人権問題を研究してきた私は、言論統制や人権侵害が目立つ現在の共産党政権に近い姿勢の韓国瑜陣営を、台湾だけでなく世界の民主主義の脅威と感じていた。そうした自分の思いを表現したくなっていた。

夜になり、龍應台と基金会のメンバーたちと台湾料理店で食事したあと、私は、民進党の造勢活動を見に出かけた。民進党のイメージカラーは緑だが、爽やかさを演出したいのだろうか。旗やメガホンなど、今回の選挙のキャンペーングッズは、柑橘系の果物のようなシトロンな色合いの黄緑とピンクがメインで、ポップな雰囲気が会場に流れていた。

前日の韓国瑜陣営と比べると、この日の参加者数はその半分にも満たなかったのではないだろうか。広場にも所々スペースが空いていて、私は非常にスムーズに移動することができた。前日の人出は相当なもので、国民党は「一〇〇万人近くに上った」と発表していたが、友人の台湾人研究者によると「広場の面積を考えれば、一〇〇万人はあり得ない」という。

蔡英文陣営に声援を送る人たちに囲まれる中で、龍應台は選挙のキャンペーングッズを一切受け取らず、静かに立法委員候補者の演説を聞き、聴衆を観察していた。知名度の高い彼女の顔を認識できる人は、台湾では少なくないだろう。彼女は気づかれないよう帽子を深くかぶり、メガネを着用して、注意深く周囲を見渡していた。私は、選挙キャンペーンに出くわすと、特に応援する候補者がいなくとも気持ちが浮き立ってしまうのだが、盛り上がる人々を静観する龍應台のそばにいると、なんだか緊張して体が固まっていた。

龍應台は父が元国民党の軍人で、自身も馬英九政権で文化部長（日本の文化庁長官に相当）を務めたから、国民党支持だろうか。彼女に聞いたこともないし、私にはわからない。聞いてもおそらく彼女は答えないだろう。私と彼女との付き合いはまだとても短いが、これまで彼女と交わした印象的な言葉を思い浮かべながら、彼女は一方的にレッテルを貼られることを拒絶していると感じていた。フェイクニュースがあふれ、真実を判断するのが難しい時代の選挙活動の中では、意図的な印象操作は少なくない。一時は閣僚として政治にも一定程度関わったが、龍應台は今、作家として、一人の人間として、イメージが先行しがちな政治にある程度距離を取ることで、自分のためのスペースを確保しようとしているのではないか。

龍應台は先に家に帰った。彼女がいる間は基金会の若いスタッフたちも、なんだか遠慮していたのだろうか。彼女が帰ってから、彼らは旗やメガホンなど、選挙キャンペーンのグッズを取り出し、体を揺らして歌を歌ったり、声をあげたりして蔡英文陣営を応援していた。

せっかくだし、私も楽しもうかと、午後に街でもらった小さな旗を自分の鞄から取り出した。前日の韓国瑜の造勢活動では、舞台で熱唱する演歌歌手のような古株の歌手が印象的だった。一方この日の舞台には、海外の留学先から選挙のために台湾に帰ってきた大学生や大学院生たちが並び、「明日は投票に行きましょう」と声を張り上げていた。各地の支持者と中継で繋ぎ、民進党政権の打ち出した政策の成果をビジュアルに表したり、ソーシャルメディアを駆使してライブアンケートを行い、その結果を分析するなど、新しい手法の選挙キャンペーンを展開していた。人出は前日の半分ぐらいに見えるが、若い人たちは家や、街のカフェやバーなどから、ネットで蔡英文陣営の造勢活動を見ているのかもしれない。

造勢活動のクライマックスは、蔡英文総統・総統候補の登場だ。そこに持っていくまでに雰囲気を盛り上げるのは、台湾の国民的ロックバンド・滅火器（Fire EX）。日本デビューもし、東日本大震災の被災者を支援する歌など、日本語でも歌っている。滅火器のボーカルの楊大正は外省人の家に育ったが、台湾語で歌うことが多い。高雄出身で、家では両親と標準中国語（香港や中国では「普通話」というが台湾では「国語」という）を話していたが、周りの同級生の多くが本省人で、台湾語を話しているうちに身についたのだという。滅火器は二〇一四年のひまわり学生運動の際、学生たちからの依頼で『島嶼天光』（この島の夜明け）という歌を制作し、一躍有名になった。当時、台湾と中国の間で締結されようとしていたサービス貿易協定に反対した学生たちが立法院に二四日間立てこもり、協定の見直しを訴えた。そして、今回も蔡英文陣営に選挙キャンペーンソング『自信勇敢 咱的名』（自信を持って勇敢に。我々の名は）を提供している。

「愛する父さん、母さん、分かって欲しい。私たちの理想は、大金持ちになることじゃない」「どんなに風が強くても、私たちの心は揺るがない。志は、あなたが付けてくれた名前だ。私たちは誇りある台湾の子。自信ある勇敢な台湾の子」

オリジナルは台湾語だが、この日、楊大正は国語で歌っていたので、私の耳にも言葉が入ってきた。南部は台湾語の普及率が高いが、台北では台湾語がわからない人も多いのだろう。とても心地よいリズムで、聴衆たちはとても盛り上がっていた。

楊大正は、『朝日新聞』（二〇二〇年四月一一日）のロングインタビューに、このように述べている。

「若い世代と中高年世代では価値観が違い、残念なことに台湾の社会に亀裂をもたらしています。なんとか対立を癒したい。そう思い、子どもから父や母に手紙を送るという歌詞にしました」

「台湾の子という言葉には、私たち若者だけではなく、さまざまな意味を込めています。父親だって、母親だって、台湾のこの島で生まれ、育っている。みんな台湾の子であり、温厚な人柄は、この土地に根ざしている」

蔡英文は、自身のYouTubeチャンネルで『自信勇敢 咱的名』について、このように述べている。

「この曲は、母と父のために書かれた曲であり、民主主義と自由に敬意を払っています。私たちを育て、世話をし、手を握り、台湾の血と涙の歴史を見つめ、自由で民主的なライフスタイルを与えてくれた前世代に深く感謝します。二〇二〇年に台湾人が行った選択は、民主主義と権威主義の価値の間の対立を表すだけでなく、台湾、アジア、さらには人類の歴史に影響を与える主要な焦点でもあります。私たちは世界の期待に応え、歴史の肯定を勝ち取り、民主主義と自由を大切にしなければなりません。私たちはみな台湾の人間であり、何世代にもわたる台湾人が身体の自由と民主主義のシステムを維持し、台湾の〝闘争〟の精神を継承できるように、野心と真心を尽くしています。でこぼこの道をたどり、民主主義の花を咲かせれば、台湾は間違いなく勝利するでしょう。〝自信を持って勇敢な台湾の子〟になろう！」

一月一一日、総統選挙の投開票が行われ、現職の与党・民主進歩党の蔡英文が再選を果たした。対抗馬の最大野党・国民党の韓国瑜の得票率は約五五〇万票（得票率三九％）であったのに対し、蔡英文は約八二〇万票（得票率五七％）を獲得しての圧勝だった。

翌日の新聞各紙の朝刊には、「史上最高の八一七万票」「中国の一国二制度にノー」といった見出しが躍った。しかし、対立候補の国民党・韓国瑜は一定の支持を集め、立法院議員選挙での民進党の政党票は二〇一六年より減っている。

新型コロナウィルスの拡大を封じ込めることに成功した蔡英文政権は支持率も高く、二〇二〇年の台湾はとても安定しているように見える。しかし私は、台湾の社会も他の多くの国々や地域と同様、分断の構図が顕著であると感じた。安定的に運営している政権でも、ちょっとしたスキャンダルや事件、事故などが起これば、たちまち対立する陣営が力を取り戻す可能性だってある。

阿信一直都在
上品蓮 佛教禮儀有限公司
Shangpinlian Buddhist Funeral Co., Ltd.
2020 台灣要贏
我們都是妳的
守護台灣
小英總統 我們都是妳的

4 「敵」はどこにいるのか

政権批判と「社会秩序」

二〇二〇年一月の台湾総統選は最後までどちらが勝つかわからない、と私は感じていた。さまざまな人に話を聞く中で、少なからぬ民進党政権への批判が耳に入ったからだ。年金改革への反発、対中政策や経済政策への不満なども聞いたが、私は特に、社会秩序維持法（中国語では、社会秩序維護法）や反浸透法が言論の自由を脅かしている、という意見に接し興味深く感じた。

社会秩序維持法は「違警罰法」という法律を改正して成立した。違警罰法は、軽微な犯罪行為に関し、被疑者を二四時間拘禁し、処罰対象者の財産権を剥奪する権利を警察に認めているのだが、この法律は中華民国憲法施行（一九四七年）以前に制定された法律である。憲法には、被疑者の行動の自由を剥奪できるのは裁判所の審判によると規定されている。つまり、違警罰法は違憲状態で三〇年間施行されていたのだが、これは問題だとして一九九一年に改正されたのだ。

違憲状態は解消されたが、かわりに施行された社会秩序維持法も問題の多い法律だと言われている。まず、社会秩序維持法違反の名目での留置・取り調べを、警察が他の案件の捜査に利用する可能性が指摘されている。さらに、同法の第六三条第一項第五号は「デマを流布し、公共の安寧に影響を与える恐れがある場合は、三日以下の拘禁か三万台湾元以下の過料と処す」と規定しているが、どのような話を、どのように広げれば公共の安寧に影響を与えたと判断されるのか、明確ではない。

一月の台湾滞在時に、社会秩序維持法違反に関連して、警察で尋問を受けたという台湾大学政治学部教授の蘇宏達（スー・ホンダー）と食事会で同席した。二〇一八年一一月に「誰が我々の故宮を消滅させるのか？　あなたの知らない民進党文化大革命」と題した動画をFacebookに公開した蘇宏達は、一年以上経って、突然、警察に呼び出されたのだという。[*22]

動画を見てみると、明らかに蘇宏達は、国立故宮博物院院長の陳其南（チェン・チーナン）らが進める民進党政権の故宮改革に対して、批判的だった。故宮は台湾最大の国立博物館である。

陳其南院長は、二〇一八年七月の就任直後、「故宮をより台湾化すべき」だとして、文物の解説や展示方法を改善したいと述べている。[*23]その三年前に台湾南部の嘉義につくられた故宮博物院南部院区に来館者を誘致したいとの思惑もあるのだろう。二〇一八年一一月に台北の故宮博物院を休館し、三年かけて改修すると発表された途端に反対の声が沸き起こった。これに対し、蘇宏達は動画で、台北の故宮を消滅させる意図があると指摘している。つまり、これは故宮の運営で表面化した、台湾アイデンティティをめぐる主導権の争いなのである。

台湾大学は、蘇宏達の警察での取り調べについて「言論の自由の侵害には厳しく対処する」と声明を出したが、台湾大学学生会は、「言論の自由と言っても無限に認められるわけではない」とコメントし、これにも批判が集まった。

前日に警察に呼び出されたばかりだった蘇宏達は、私たちとの食事の席で少々興奮して話していた。「警察に呼び出されるなんて。一時間あまり、ずっと椅子に座らされて身動きできない状況で尋問されたんだ。台湾大学は声明を撤回しないだろうが、反対している学生もいる。今の台湾大学の学生たちは、ほとんどが〝緑〟だよ。学生会長もずっと〝緑〟が続いている」

ヤフーのインターネットテレビ[*24]によると二〇一六年に六件だった社会秩序維持法違反の摘発数は、二〇一九年には一二三件と二〇倍に増加しているという。私はこの数字にいささか驚いた。

『風傳媒』編集長の話

蘇宏達との会食から二日後、私は台湾のネットメディア『風傳媒』を訪ね、編集長の呉典蓉（ウー・ディエンロン）にこの件について聞いてみた。『風傳媒』は二〇一四年にスタートした新しいメディアで、専属の記者を数多く抱え、独自の報道を展開している。呉典蓉編集長は颯爽とした女性で、初対面の私にざっくばらんに話してくれた。

「蘇宏達は文化大革命を持ち出すなどしたけれど、それは自分の意見を述べたまでで、穏当に政府を批判しているだけ。このことだけをもって警察が事情を聞くというのは、法律の濫用と思われても仕方がないわ。ただ、社会秩序維持法は不起訴になるケースが大半よ。違反したとみなすためには、（一）主体的に発信した、（二）誤った情報が含まれている、（三）公衆の不安を煽ったという条件を満たさなければならないけれど、特に（三）を立証するのが難しいわね。私も自分の報道に関して訴えられたことがあったけれど、立件されなかった。まあ、弁護士を雇って対応して、大変だったわ。蘇教授のケースは、裁判所がすぐに処罰しないと判断した。選挙前ということがあったのかもしれないわね。これは判断しやすい単純なケースだけれど」

蘇宏達の事案の不起訴が迅速に判断されたのは、高まる批判を抑えたかったからだろうか。司法の独立性を考えれば、政治判断ではないことが前提のはずだが、司法は現政権に配慮しすぎだという声も聞こえてくる。

呉典蓉は続けた。

「台湾大学は学生運動の伝統があるからね。大学には新聞社もあるし、国民党に反対する勢力が育っている。政治大学や師範大学など、他の大学も似たような状況かな。〝青〟の立場からは話がしにくい環境がある。例えば、（ひまわり学生運動の時、強制排除をして、その後行政院長を辞任した）江宣樺（ジャン・シュエンファ）は台湾大学には戻りにくいでしょう」

台湾では大学教授やシンクタンクの研究者が政治に深くコミットしており、政界で活動した後、再び学界に戻る者もいる。だが、政党色がつきすぎてしまうと戻りにくくなることもあるのだろう。

取り調べを受けた蘇宏達の例ばかりではなく、民進党政権下で社会秩序維持法違反による処罰が増加している。それはやはり、デマやフェイクニュースに神経をとがらせているからだろう。特に、選挙が近づくと、マスメディアとネット空間で激しい情報戦が繰り広げられるようになる。どの陣営も情報の流れに敏感になり、自らの主張を伝えるという正攻法のアプローチだけでなく、形勢が不利になるような情報やコメントに反論したり、対抗相手の痛手になるような情報を意図的に流したりすることもある。

近年、台湾のメディアには中国の影響力が増しており、それに伴い、警戒を強める動きも加速している。二〇〇八年、中国ビジネスで大きな利益を上げている食品会社の旺旺（ワンワン）グループが中国テレビや中天テレビを傘下に持つ「中国時報グループ」の経営権を取得したが、今や中国時報グループ傘下のメディアの報道は、中国寄りの内容が主流になっている。中国の国務院台湾事務弁公室など中国の政府機関が記事を発注したり、メディアに資金提供したりしているとも報じられている。*25

反浸透法と「帯風向」

こうした中国による台湾メディアへの浸透工作を阻止しようと制定されたのが反浸透法だ。

民進党の立法院党団は反浸透法の草案を二〇一九年一一月二七日に提出し、約一ヶ月後の一二月三一日には可決・成立するというスピード立法を行った。台湾では、立法までに三段階の審議を行う。一一月二九日に第二段階の審議が始まり、一二月二七日と三〇日に与野党で協議した後、一二月三一日の本会議で条文ごとの審議を経て、採決が行われたという。

反浸透法は、「域外敵対勢力」が密かに台湾へ浸透・介入することを防ぎ、国家の安全と社会の安定を確保、中華民国の主権と自由民主の憲政秩序を維持するために制定された。域外敵対勢力とは、台湾と交戦・武力対峙している、あるいは非平和的手段で台湾の主権に危害を与える国や、政治実体、団体をさす。その域外敵対勢力の組織やそこから派遣される人物「浸透来源」からの指示や委託、あるいは資金援助を受けて政治献金をしたり、違法に選挙活動に携わったりすることを明確に禁止している。国家の安全や機密に関わる国防、外交、台湾海峡両岸業務に関するロビー活動を行うことも禁じた。本法公布の半年前の二〇一九年六月には、立法院は国家安全法改正案を可決しているが、こちらも、国家の安定に危害を加えることを目的に、中国当局に資金提供したり、組織を発展させようとしたりする者を罰するとしている。

このように、台湾では「敵」を想定した立法が行われ、政策が立案されているのだが、一歩間違えば、現政権がその反対勢力を封じ込めるために権限を濫用することもできる。蘇宏達はこれを批判して「民進党政権は〝緑色恐怖〟(緑色テロ)を展開しようとしている」とした。国民党政権時代の厳しい言論弾圧「白色恐怖」(白色テロ)に引っ掛けて、このように言っているのだ。

総統選が近づくと、「蔡英文の博士号は偽物だ」とか、「韓国瑜は友人の女性と不倫し隠し子がいる」といったネガティブ・キャンペーンがSNSを通して広がった。中傷や真偽不明の情報が大量拡散されるのは問題であり、選挙の結果も左右するため、当然ながら対策が必要だ。しかし、過度な監視は自由な言論を必要以上に規制するだろう。反浸透法は「域外敵対勢力」の指示や資金援助を受けて選挙活動やフェイクニュースの拡散を行えば、五年以下の懲役を科すとしているが、「域外敵対勢力」の定義は明確ではなく、中国で活動する台湾企業や留学生が十分な根拠もなく疑われることも懸念される。また、政権批判報道をフェイクニュースとして恣意的に規制する危惧もある。

『風傳媒』の呉典蓉は「帯風向」(ダイ・フォンシャン、風向きをつくりだす)という現象の問題を指摘していた。「帯風向」とは、一部のネット民(インターネットユーザー)が他のネット民に大きな影響を与え、論調を生み出していくことを意味する。これには「PTT」(批踢踢、ピーティーティー)という電子掲示板が関係していると指摘していた。

PTTは台湾大学の学生が在学中に学術用ネットワークを利用してつくったもので、台湾大学のネットワークを利用してはいるものの、運営に大学が関わることはなく、商業化もしていないため、自由な討論空間を維持できるのだという。

このPTTを『蘋果日報』などのメディアが使い始めた。PTTで話題になっている情報や論点を調べて新聞報道に反映させることで、世論への影響を大きくすることができるからだ。PTTは日本の「2ちゃんねる」のようなインターネット掲示板とは異なり、会員登録して自分のアカウントを作成しなければ、書き込むことも閲覧することもできない完全アカウント制だ。匿名で暴言を撒き散らすといった「ページ荒らし」を防ぐためにこのような工夫をしているという。しかし最近、他人から購入したアカウントで誰かを集中的に攻撃したり、世論に影響を与える動きもある。

総統選前にメディアを賑わせていた疑惑は、まさにPTTと関連があった。中国へのネガティブキャンペーンが、実は民進党の自作自演だったのではないかというのだ。

二〇一九年九月、台風二一号で関西国際空港に多くの人が閉じ込められた際、中国の駐大阪総領事館は大型バスで中国人の旅客を優先的に救出したが、台湾の駐大阪経済文化弁事処（領事館に相当）は何もしなかった、という情報が流れ、責任を強く感じた弁事処処長・蘇啓誠（スー・チーチョン）が自殺したのだ。彼が追い込まれたのは、中国から発信されたフェイクニュースが原因との見方が広まり、その後、台北地検が楊蕙如（ヤン・フイルー）という人物と仲間の蔡明福（ツァイ・ミンフー）が、このフェイクニュースを流していたと認定、起訴した。楊蕙如は二〇〇八年に謝長廷（シエ・チャンティン。民進党主席、行政院長などを務めた政治家。現在、台北駐日経済文化代表処駐日代表）が総統選に挑戦し、敗れた際のネット担当参謀である。真偽はわからないが、民進党から工作費をもらい、政敵を攻撃する情報を流していたと一部メディアは報じた。楊蕙如は「卡神（カードの神様）」とも呼ばれており、PTTのアカウントを購入して「帯風向」を戦略的に行い、カードのポイントを貯めて利益を得てもいたという。

ビッグデータの時代、中国は強大な影響力を持つようになった。警戒を強める台湾が、予めさまざまな法律や政策を打ち出さざるを得ないのはわかるが、社会秩序維持法や反浸透法といった法を、選挙戦など、政治の道具に利用されるリスクは常について回る。

情報化は私たちの暮らしを便利にし、コミュニケーションを促進してくれたが、同時に、あらゆる場面に「敵」の存在がちらつくようになった。実際には、「敵」の輪郭をくっきりと描くことなどできないにもかかわらず。

境界を越えて書くこと

人間が「敵」を作り出すプロセスを、私たちはどのように捉えればよいのか。その問題を考える中で、私は再び龍應台の文章や言葉を思い浮かべた。

作家・龍應台が認知症が進行する母との生活や、息子たちとの対話などを生き生きと描いた『天長地久』の邦訳本『永遠の時の流れに――母・美君への手紙』（集広舎）が出版され、その記念イベントを兼ねた読者との交流会を東京・日本橋の「誠品生活」で行った（二〇一九年一一月二四日）。「誠品生活」は台湾でチェーン展開している書店とセレクトショップ、カフェ、レストランなどが入った複合施設で、日本初出店となる日本橋店には工房やキッチンスタジオ、イベントスペースも設置されている。

私は龍應台のイベントの企画と運営を、『永遠の時の流れに』の翻訳者の劉燕子とともに担当した。イベントのテーマは「境界を越えて書く」。家族と自分自身の歴史を振り返る中で、龍はどのような「境界」に直面し、それを越えるために執筆を続けているのか。彼女は、古い木箱の写真をスクリーンに映して話を始めた。


「私は一九四九年以降、行方がわからなくなった兄を探して中国から連れ帰ろうと、必死だった。母の家族については、どこにいるのか尋ねようとしたことはなかったけれど、自分にはどこか根深い、復讐の思いのようなものがあるのか。

母の家族はダム建設で立ち退きに遭っている。調べると、母の兄一家が江西省の農村に住んでいることがわかった。そして、農家の庭で、腰掛けに座っている家族と対面した。対面した農民たちが従兄の家族だと言うのだけれど、誰が誰だかさっぱりわからない。

突然、年老いて見える、色黒の人が現れた。彼は私とあまり歳の変わらない従兄だった。従兄は唐突に〝あなたに見せたいものがある〟と言い、部屋の奥から木箱を抱えてきた。〝應台、これはあなたのお母さんが小さい時に使っていた、本を入れる鞄だよ。六歳の時に、彼女の母が彼女のためにつくって、一二歳の小学校卒業までずっと使っていたんだ〟中を開けると、母の書いた二行の文字が目に飛び込んできた。〝この箱は私以外、誰も開けてはならない〟と書いてある。

さすが、母の個性を強く表している。

とても驚いて、農民の従兄に聞いた。どうしてこの箱を持っているのかと。一九五九年、三〇万人がダムのため立ち退きで離散したが、家にあるもの全ては持ち出せなかった。祖母が唯一持ち出したいと言ったのがこの木箱だったという。もともと教養水準の高い中産階級であったこの家族は一〇〇〇キロも離れた農村に移住し、何も持たない移民に没落した。けれど、それからの四〇年の間、祖母は亡くなるまでこの本の鞄を手放さなかった。

このことを知って私は、〃ええっ？　おばあさん？〃と思った。私はそれまで自分の母にも母がいるということを考えもしなかったから。祖母が母たちとここに来たのか、って思った。そして、家の外にあった祖母の墓にお参りし、母の代わりに線香を供えた。

この箱はウィーンに住んでいる次男にあげるって約束しているのよ」

龍應台の兄はなぜ、行方不明であったのか。彼女はなぜ兄を必死で探そうとしたのか。江西省に住む母の親族を訪ねるまでに、彼女に、彼女の家族にどのようなことが起こったのか。木箱のストーリーを理解するためにも、ここで少し説明しておこう。

台湾海峡、両岸の家族

龍應台の両親は第二次国共内戦の最中の一九四九年、子どもを連れて中国大陸から台湾の高雄へ渡った。父の龍槐生は湖南省出身で、一五歳で憲兵隊に入隊し、第二次上海事変（一九三七年八月一三日からの中華民国軍の日本租界への攻撃に端を発する日本軍との軍事衝突）と南京戦（一九三七年一二月に展開された日本軍から中国軍への追撃。南京は陥落した。この戦闘の最中に南京事件が発生したと言われている）にも参戦し、台湾に渡ってからは警察官になった。浙江省淳安出身の母・應美君は中国で長男、つまり龍應台の兄を産んだが、この子は湖南省衡山県龍家村の父方の実家に預けられた。龍一家が中国を離れる時、祖母が孫を手放さなかったからだ。龍と他の三人の兄弟は台湾で生まれた。

龍應台はアメリカで留学中に、中国にいるであろう兄に手紙を書き、奇跡的に兄と連絡がついた。当時わかっていたのは、兄が湖南省の故郷にいるということだけで、龍は「湖南省衡山県龍家村」を宛先に手紙を書いたのだ。ではなぜ、それまで兄とは音信不通になっていたのか。龍の両親は中国を離れる時「次に戻ってくる時に連れて帰る」と言って、息子を湖南に置いてきた。すぐに台湾から中国に戻るつもりだったのだろう。しかしその後、中国と台湾は緊張関係に陥り、両岸を行き来できなくなった。

一九六五年、一六歳になった中国にいる龍の兄から、突然台湾に手紙が届いた。そこには、「両親に会いたい。広州で落ち合った後、台湾に連れて行って欲しい」と書いてあった。一九六〇年代当時、中台間では依然、通信さえできない状態だった。もし中国に手紙を送り、それが明るみになれば、スパイの疑いがかけられるなどして、死刑になる可能性さえあった。母は泣き崩れ、この手紙を龍に見せた後、すぐに焼いてしまったという。龍はこの時以来、中国にいる兄を意識するようになった。台湾と中国の往来が再開した後、龍は中国で兄に再会している。

現在、認知症を患う龍應台の母は、もう娘が誰かもわからない。その母にも母がいた。本を入れる木箱を大切にしていた少女時代があった。龍應台の母は一九四九年に中国を離れてから、故郷の新安江に一度も戻ることができなかった。一九五六年のダム建設によって千島湖の底へ沈んでしまったからだ。祖先を弔おうにも、墓はこの辺だっただろうかと想像しながら、船で水の上を行ったり来たりするしかない。

龍應台、彼女の母、祖母という三代の女性は、それぞれの乱世を生き、全く異なる運命を辿った。同様に、龍應台と兄、従兄一家も違う道を歩んだ。兄と従兄は、湖南省と江西省の農村で肉体労働をして暮らしている。一方、龍應台は難民同然の状態で台湾に渡った父母とともに苦労したが、アメリカの大学を出た後はドイツや香港で暮らし、台湾の文化部長をも務めた。ドイツ人と結婚し、その後離婚したが、二人の息子に恵まれた。龍應台は木箱を次男に譲ると決めている。

――さまざまな時代、場所で生きる人たちの間には境界が存在している。

龍は続けて話した。

「私は山登りが好き。山登りをする人ならわかるでしょうが、山は峠まで登らなければ、その先に進むべき道が見えない。私は「ただ見送るのみ」（中国語「目送」）と題した文章で、人生がそのような地点に差し掛かった時、次世代の人たちが自分の世界と光を積極的に見出そうとしているのに、前の世代の人たちは暗黒へ向かっているということを書いた。自分が人生の峠のようなところに差し掛かって初めて、このような視野を得ることができる。「ただ見送るのみ」が収録されている書籍『父を見送る』では、自分の内在的な探索において「境界を越える」ことについて書いた。

『父を見送る』は中国では小中学校の教科書と推薦書に選ばれ、度々、国語の入試問題として出題されてもいるけれど、中国の有名な雑誌の調査によると、この本のなかで最も読まれている文章は「ただ見送るのみ」ではなく、「信じる（信じない）」の方だという。それを聞いて、私は「境界を越える」ことに意義があると改めて感じる。

彼女の「信じる（信じない）」は、二十歳前に、二十歳前に「信じた」ものが、のちに「信じない」ものへと変わっていたこと、具体的には「国を愛すること」「歴史」「文明の力」「正義」「理想主義者」「愛」の六つについて述べている。

――「国を愛せ」と説く人が定義する国は、愛すべきものではなく、打倒すべきものかもしれない。「歴史」を著す者は次の王朝であり、古い王朝は常に否定される。だから「歴史」の半分は捏造になる。「文明」の進化はうわべだけで、人の愚かさと野蛮さは消えない。そもそも野蛮と文明の差など紙一重で、その境界線はいともたやすく消すことができる。異なる「正義」は互いに相容れなくても構わず、むしろ、特定の正義が主張されれば、その裏には不正義が隠れている。「理想主義者」は権力を持てば醜悪になり、理想は実現されずに終わる。「愛」は、家族愛へと変質しなければ続かない……。

以下、後半部分を天野健太郎氏の訳から引用する。

「二十歳のころ信じたもので、今も信じているものが、意外にある。たとえば、「国」を愛したいとは思えないかもしれない。でも、その郷土と人びとを愛することはできる。たとえば、「歴史」を信じることはできないかもしれない。でも、真相の追求を続けることはできる。「文明」は、あまりに脆弱かもしれない。でも、文明以外にわれわれが頼るものはない。「正義」は、きわめて疑わしいものかもしれない。でも、正義を忘れてしまえば、人権が脅かされる。「理想主義者」は、ろくな仕事をしないかもしれない。でも、彼らがいなければ社会は永遠に変わらない。「愛」はつねに幻滅をもたらすかもしれない。でも、ホタルの光は夜を美しくするために明滅しているのではない。「海が枯れるまで、石が砕けるまで」続く永遠など、存在しないかもしれない。でも、もし一粒の砂に無限の宇宙が含まれているのなら、この一瞬にもきっと、永久不変の時間が含まれているはずだ。

じゃあ、二十歳まで信じなかったもので、今、信じるものってあるだろうか？ある。でもそれは、どれもありきたりの言葉だったりする。かつて信じなかった「性格は運命を決定づける」を、今は信じる。かつて信じなかった「色即是空（具象に実体なし）」を、今は信じる。かつて信じなかった「案ずるより産むが易し」を、今は信じる。かつては、実証できないものは信じなかった。今も、信じる、までは言っていない。でも、実証を必要としない、何かしらの感覚があることは、私も受け入れている。音楽家でのちに出家した李叔同*26は、入寂の前にこんな手紙を残した。「君子の交わりは淡きこと水の如し。具象にこだわれば、真理は遠く及ばず。どこに身を安ずるかを問われれば、広漠を前に言葉なく、ただ美しき春の景色と、丸い月がかかる空を見るにしかず」

信じると信じないのあいだで、私は、迷い続ける」

（龍應台著、天野健太郎訳『父を見送る』白水社、二〇一五年、三五～三六頁）

沈黙という不誠実

なぜ、中国でこの文章、「信じる（信じない）」が広く読まれているのかという参加者からの質問に、龍應台はこのように答えた。

「情報があまり公開されていない社会では、これまで信じていたことが、簡単には信じられなくなることが頻繁にある。そんな経験をほとんどの人がしているから、あの文章は広まったのだと思う。（吉林省）長春では、不動産開発で掘削していると、まだ人骨がたくさん出てくる。でも、地元の人はそれがなぜだか知らない。長春包囲戦について（『台湾海峡一九四九』に書かれている）、上の世代の人は知っているけれど、歴史の苦難を次の世代に伝えたくない。伝えたらどうなるのかわからないから。一九四九年から中国が歩んできた歴史は、大きな玉ねぎのよう。玉ねぎは一層一層、外に向かって包まれている。だから、何を信じればよいのかわからない。不誠実であることは、中国だけの問題ではない。誰でも権力を掌握すれば嘘をつく必要が出てくるのでしょう」

『台湾海峡一九四九』は中国では発禁本で、書店には流通していないが、地下で販売されたり、海外で購入して持ち帰られたりして、中国国内で広く読まれている。中国の多くの読者は、龍應台の本を通して触れる歴史観を新鮮に感じているようだ。例えば、第三章で書かれている長春包囲戦は残酷な史実だが、中国ではあまり知られていない。

一九四七年一一月から一九四八年一〇月、林彪率いる中国共産党軍が、国民党軍の守衛下にあった長春を包囲し、物資や人員の出入りを封鎖する兵糧攻めを行った。龍應台はこの長春包囲戦について、国民党軍も市民を見殺しにしたと指摘している。域外の緩衝地帯に入っても逃げ道がなく、すでに多くの餓死者が出ていたが、国民党軍は市民にそれを伝えなかったからだ。食糧難にあえぐ長春市の人口を減らそうと意図的に市民を緩衝地帯に分散させ、空中投下された食糧や物資は国民党軍が独占し、市民には配給しなかった。長春包囲戦について詳しく調べている杜斌（ドゥー・ビン）の推計によると、餓死者は三七万人から四六万人に上ったという。私の友人でもある杜斌は、中国の気鋭のジャーナリストだが、二〇〇九年に龍應台の『台湾海峡一九四九』を読んで初めて長春包囲戦の存在を知り、大きな衝撃を受けた。この惨劇がなぜ、どのように起こったのかを明らかにするべきだと考え、資料を調べ、インタビューを行い、二〇一七年に『長春餓殍戦』（白象文化事業有限公司）を出版している。

龍應台はこうも述べている。

「国民政府は失敗を恥と感じ、屈辱と恥に向き合えず、完全に沈黙し、忘却しようとした。勝者は歴史の真実に向き合わず、単純に美化しようとする。血を一滴も流さず、栄光の勝利を手に入れる。失敗など存在しないかのように振る舞って。だから、中国、台湾両方の読者が、長春包囲戦の真実をほとんど知らない」

家族の物語、戦争の記憶を分かち合う

私の龍應台との付き合いは、ここ二年ほどのことだ。

二〇一八年一一月、龍應台が理事を務める龍應台文化基金会が『戦争』をテーマに開催するトークイベントで話して欲しいという依頼があった。この基金会は、グローバル市民を育てる文化交流事業を展開しており、講演会や青少年のためのサマースクールを実施している。特に戦争を専門的に研究しているわけでもない私に何が話せるのだろうと迷ったが、基金会が「世界を変えるのは私たちの思想」というモットーを掲げてグローバル市民を育てようとする姿勢に共感し、引き受けることにした。

イベントを行ったのは台北市中心部にある「華山一九一四文創園区」。一九一四年創業の「日

本芳醸株式会社」は一九二二年、日本統治時代の専売制を取り入れて「台湾総督府専売局台北酒工場」になり、その後国民政府の手に渡り、さまざまな種類の酒を生産してきた。一九八七年に林口に会社が移転した後、一九九九年まで廃工場は放置されていたが、その間、こっそり若者たちが壁画を描いていたという。その後、アートイベントの会場として使われるようになり、二〇〇九年にはカフェやレストラン、ショップが加わり、ライブや講演会の場としても使われるようになった。この日のイベントホールは、中央のステージを囲い込むような形で客席が設置してあった。観客は二〇〇人ぐらい集まっただろうか。私はステージの真ん中に立ち、スポットライトが当てられる中で、「戦争」というとても難しいテーマについて、汗をかきつつ中国語で必死に話した。

まず私は、戦争の記憶は個々の置かれている環境によって異なるということを伝えようと、自分のバックグラウンドを紹介した。「日本人」を代表して話しているように取られたくなかったということもある。大阪で生まれ育ち、在日韓国朝鮮人や被差別部落の問題を小学校で重点的に学んだこと、香港大学の大学院時代、上海に渡って一年間フィールドワークを行ったが、その間、日中戦争の戦火の中を逃げ回った経験のある女性の家でホームステイをさせてもらっていたこと、定点調査をしていた湖北省の農村では、地元の人々との付き合いを重ねてから、日本軍が村まで来た時の話を聞かせてもらえたことなどを話した。

私の親族はほとんど戦争には行っておらず、靖国神社を身近に感じたこともないのだが、夫の母方の祖父（私の義祖父）は三重県阿山郡青山町（現在の伊賀市）霧生村から出征し、湖北省の大別山にいたという。一九三七年には義祖父は負傷し、一時捕虜として拘束されたようだが、釈放されて日本に帰国した。負傷した足の付け根には、手術で取りきれない弾の破片が残った。

霧生村は名前が示すとおり奥深い山村で、義祖父は山を所有し、林業で生計を立てていた。戦時、静かなこの村にも召集令状が届き、村の三分の二の男性が出征したという。お国のため、天皇陛下のために家族のもとを離れ、多くの男性が戻らなかった。大黒柱を失った家庭は、深い悲しみに包まれ、苦しい生活を強いられた。

帰国後、義祖父は家族に中国で何があったのかをほとんど話さなかった。「中国人に助けられた」ということ以外には。

義祖父は日本に帰国してからも農林業を営んでいたが、傷痍軍人として恩給を受給していた。特に政治的な活動はしてはいなかったが、自民党員だったという。戦争で辛い経験をし、中国人に助けられた三重県の義祖父が自民党員だとは意外に感じた。

私は、子どもの頃から選挙活動や政治を身近に感じていた。伯父（父の兄）が大手企業の労働組合の推薦を受け、社会党から市会議員に出馬していたこともあり、親戚や家族と政治について語るのは楽しかったし、戦争責任についても度々議論し、私も父も自民党政権の一部の政策に批判的な見方をしていた。そんな大阪のある種「革新的な」環境で生まれ育った私からすれば、義祖父は保守的で、批判精神に乏しいと感じたのだ。

しかし義祖父は、豊かな自然の中で平穏に暮らしており、周りには語らう友だちもいる。政治を批判的に語るべきだなどと、私が自分の価値観を押し付ける必要などないだろう。義祖父にさまざまな質問をしたかったが、私が出会った頃の義祖父は、すでに老いて、思考が明晰ではなくなっていた。

一方、私の夫はこの義祖父が戦場で中国人に助けられた話を聞いて、中国に関心を持ったという。ジャーナリストを志して通信社に就職した彼は、二〇〇二年から中国総局に計一〇年間（二回）駐在し、中国報道に携わった。夫の中国赴任中、私は幼子を抱えて、何度も中国と日本を行き来した。

このような家族のストーリーを話した後、私は、日本の歴史教育や思想の「右」と「左」のグループの傾向、メディアの報道姿勢について、ドイツと日本の戦争責任の取り方が異なる背景など、あらかじめコーディネーターからもらっていた質問に沿って、トークを進めていった。聴衆と距離が近く、聴衆の顔がよく見えていたせいもあって、トークへの反応は悪くない感じがしていたが、Q&Aセッションではこんな質問が投げかけられた。

「私は各国の軍艦に関わる活動に参加したことがあるのですが、日本の軍艦は最も清潔で、軍人は礼儀正しいと感じました。他の、より強いと言われる国の軍人も、日本人ほど規律があって、礼節をわきまえてはいなかった。そこが、日本は恐ろしいと思えるところです。日本人は非常に団結しているように見えます。将来、日中間で戦争が再び起こったとしても、中国は勝てないのではないかと思わされます」

私は、日中戦争が再び起きるという想定の質問が出たことに驚いた。そして、規律正しい日本人の軍隊（日本は現在軍隊を持っていないはずなのだが！）が、世界の中でもレベルが高いと思われているということにも。驚いている私とは対照的に、ほとんどの台湾の参加者たちは、この質問が特異であるとは認識していないようだった。

私は、「政治に対してもさまざまな見方があるし、さまざまな国を行き来し、多様な価値観を持つ人たちも増えています。日本人は団結しているように見えるとのことですが、それは幻想だと思います」と答えた上で、「日本社会の集団主義的な雰囲気には、私自身も恐ろしいと感じることがあります」と付け加えた。不合理だと感じても、上に従わなければならないという組織の圧力を感じることがあるからだ。「忖度」や「空気を読む」という言葉も、日本語特有ではないだろうか。別の参加者が立ち上がり、「あなたの考え方はとても開放的だが、あなたは典型的な日本人ではないのではないか。日本人が皆、あなたみたいな人だったらよいのだけど」と言った。

台湾の人々にとって、戦争は身近なものなのだと痛感した。私に質問したのは、ほとんどが比較的年配の人たちだったから、なおさら、そう感じたのかもしれない。日本統治を経て権威主義体制下にあった台湾が、戒厳令を解除したのは一九八七年。それからまだ、三三年しか経っていないのだ。

5　批判的思考と教育の中立性

私の研究者としての専門分野は、「現代中国研究（社会学）」と「比較教育学」である。社会的な活動や個人的な交流を通して香港の人々と関わりながらも、その研究者の視点が常に働いている。私は、香港の「自由」や「民主」について考える中で、植民地支配や武力侵略、弾圧や独立などの歴史的経緯のある台湾、そして日本を比較参照していた。この章では、すこし回り道をして、研究者として、市民として経験した台湾と日本の教育の現場における自身の立ち位置から、香港と関連する問題を俯瞰してみたい。

白色テロの時代と移行期正義

私は二〇一七年から毎年、自分が担当する大学の中国語プログラムの研修で、学生たちを台湾に連れて行き、主に「移行期正義」に取り組んでいる人たちと交流を深めてきた。

移行期正義（transitional justice）とは、紛争（戦争・内戦）が終結した後、かつての政治指導者や軍事組織の指導者・実行者の審理と処罰を通して行う正義の実践のことだ。もう少しわかりやすくいうと、旧政権下で行われたことに関して、委員会や公聴会を通して調査や検証を行い、犯罪の事実が認定されれば刑事訴追を行い、迫害された人たちや被害者に対して、公的な謝罪や補償、追悼集会を行う。歴史の記録や発信の仕方を見直し、研究成果をまとめたり、博物館で展示を行ったりもする。

私たちは、「二二八基金会」で理事長を務める国立政治大学・薛化元教授らの紹介で、これらにかかわる施設を訪ねてきた。二二八基金会は、学者、社会活動家、二二八事件の被害者やその家族をメンバーとする財団法人である。設立の目的として「真の和解を目指す」ことを掲げ、賠償、記念活動、慰霊などを行い、二二八国家記念館の運営や、教育・文化活動も実施している。

一九四七年二月二七日、台北市でタバコを闇で販売して摘発された本省人女性に役人が暴行を加え、この事件が発端となり、翌二八日に本省人による市庁舎への抗議デモが行われた。本省人とは、日本統治が終わった一九四五年以前より台湾に住んでいた人々とその子孫である。当時台湾では、日本統治時代の専売制度を引き継ぎ、酒、タバコ、砂糖、塩などが国の専売となっていた。しかし、中国大陸ではタバコは自由に販売されていたため、この政策に不満を持っていた多くの人々が、タバコ売りの女性に同情し、抗議のために集まった。これに対し、憲兵隊が民衆に発砲したため、抗争は一気に台湾全土に広がった。国民党政府は大陸からも援軍を派遣し、武力で本省人たちの抵抗を抑えつけた。つまり二二八事件とは、国民党政府による反体制派弾圧、すなわち長期に及ぶ白色テロのきっかけとなった事件だ。

事件当時、戒厳令が地区ごとに発令された。一旦は解除されるものの、一九四九年五月一九日に改めて発令されると一九八七年まで続き、恐怖政治によって多くの台湾の人々が投獄、処刑された。中国の脅威やアメリカの外交圧力で戒厳令が解除されたあとも、一九四八年制定の「戡乱（反乱鎮定）時期における国家安全法」が施行され続けたため、集会・結社や言論の自由が認められたのは、李登輝政権下で刑法を改正した一九九二年になってのことだった。

白色テロの時代に政治犯の拘置や処刑を行っていた施設は現在、さまざまな人権博物館になっている。私はそのうち、景美人権文化園区（新北市）と緑島人権文化園区（緑島）に、学生たちを連れて行った。景美人権文化園区を案内してくれた医師の陳中統は、一九三七年生まれで今年八三歳になる。高雄医学院を卒業後、日本の岡山大学医学部に留学したが、日本滞在中に台湾青年独立連盟のメンバーになった。一九六八年一二月に病気の父親に会いに台湾に戻り、翌年二月に結婚したが、同月のハネムーン中に家宅捜索され、逮捕された。台湾青年独立連盟の組織部長が台湾独立思想を持っていたというのが理由で、連盟に加入していた陳氏も政府を転覆させる意図があったと認定され、懲役一五年の判決を受けた。しかし、医学を専攻していた彼は医師としての腕を重宝され、景美監獄では工場などで働かされることはなく、医務室で診察を担当した。一九七五年、蒋介石総統が死去すると減刑処分を受け、一九七九年二月に出獄した。医師として働くことができたとはいえ、独立思想があるとして、具体的な犯罪行為を認定することなく、結婚したばかりで妻と引き離され、一〇年間も外界と遮断された監獄で過ごさなければならなかった。

景美と緑島の人権文化園区

景美には、「共産主義者」だとされた生徒会長のいる生徒会に入っていただけで連行され、書類に拇印を押してしまい、一〇年以上獄中で過ごすことになったとか、独立運動組織の会員と食事をしただけで容疑者となり、取り調べの拷問で自白を強要され、友人らの名前を伝えてしまったとか、「共産党のスパイ」を摘発すればもらえる奨励金を目当ての密告があったとか（密告は親、配偶者、親戚、学生など内輪からも行われた）、当時の恐怖政治の実態を表す事例が多数紹介されている。

台東市から船で一時間弱の緑島には、緑島人権文化園区がある。緑州山荘（一九七二年竣工の閉鎖式刑務所が当時の状態で残っている）や新生訓導処（一九五〇年代初期から六〇年代初めまで政治犯を収容した強制労働所で、修復された建物の中に展示室や模型がある）などに分かれており、それぞれのエリアでガイドが詳しくレクチャーしてくれた。

新生訓導処で一〇年を過ごしたという蔡焜霖（ツァイ・クンリン）は語り部として、当時の話を若い人たちに伝えている。彼は一九五〇年、高校時代に「読書会」に参加したが、これが共産党の外郭団体だとみなされ、高校卒業後すぐに逮捕され、懲役一〇年の有罪判決を受けた。出所後に師範学校に入学するが、すぐに前科があるとして入学許可を取り消され、日本の漫画を紹介する仕事などに従事し、淡水文理専門学校（現・淡江大学）のフランス語科で学んだ後、児童雑誌『王子雑誌半月刊』を創刊した。一九六八年には雑誌の収益で台湾東部のブヌン族を主体とする紅葉少年野球チームを支援し、リトルリーグで世界一になった日本の和歌山チームと対戦するなど、話題になった。

同じく緑島の新生訓導処で一五年間服役した陳孟和（チェン・モンハー）は、一九四八年に台湾省立師範学院（現在の国立台湾師範大学）美術学部に入学し、一二月に中国に向かう準備をしていたところ、「共産党に投降した」罪で逮捕され、保安司令部情報処で七ヶ月間拘禁された。出所後、友人と写真館を経営していたが、一九五二年に再び特務機関に逮捕され、軍法処看守所に送られた。今度は「反乱組織に参加した」罪で懲役一五年の判決を受けたという。全くの濡れ衣だった。

陳孟和は緑島で美術の才能を発揮し、緑州山荘や新生訓導処の広報用の写真を撮り、設計図や絵を描いた。陳孟和が描いた正確な図面が、のちに緑島人権園区の展示や模型作製に大きな役割を果たしたという。展示室には、沈没船の木材や壊れたラジオの中の銅線などを使い、陳孟和が一年かけて作ったバイオリンもあった。受刑者は自らの想いを表現したくても、文字ではなかなか表せない。文字で表現すれば、思想に問題があると言われかねなかったからだ。陳孟和は妹に娘が誕生したことを知り、姪へのお祝いを何らかの形で表現したいと考えたのだ。あまりにも精緻で、とても廃材から作ったとは思えない出来栄えだった。

陳孟和は一九六七年に出所後、写真館を経営し、先述の蔡焜霖らの『王子雑誌半月刊』の美術編集を担当する傍ら、貿易会社や旅行会社などを経営した。蔡焜霖と共に「行動図書館」も設立し、学校やコミュニティにたくさんの図書を載せた車を走らせた。

野晒しの墓石

二〇一九年一二月に台湾を訪れた際、「白色テロ時代の歴史を学ぶなら六張犁（リュウチャンリー）にもいったらいい」と、龍應台にガイドを紹介してもらった。地下鉄・六張犁駅で待ち合わせして、ガイドの車で駅から山手の方へ一〇分ほど登っていくと、台湾で最も高いビル・一〇一がよく見える。山の斜面に墓地が見えてきたが、並んでいるのは立派な墓ばかりだ。著名な作家・白先勇（バイ・シエンヨン）の亡くなった父で、中華民国の陸軍一級上将、国防部長を務めた白崇禧（バイ・チョンシイ）の墓を含む白将軍家族墓地（白榕蔭家族墓地）を中心にして、山の斜面の広い範囲に墓石が置かれている。白崇禧はイスラム教徒（回教徒）であり、イスラム教の方式で埋葬されている。

受難者の墓地はどこにあるのだろうと思いながら、ガイドの後をついていくと、小さな石がポツポツと並んでいる荒地に到着した。足元にある石をよく見ると、名前が彫ってある。伸びた雑草の陰に隠れてしまっている墓石も多い。荒地の周辺には歩道が整備されているが、墓地自体は野晒しのまま放置されている。

一九五〇年代、「馬場町」（日本統治時代の呼び名で、今も巷でそう呼ばれている。そこで銃殺刑が行われていたという。現在の万華区の青年公園とその周辺地域）で銃殺刑に処された政治犯の遺体は、極楽葬儀館（現在の林森公園）に持ち込まれた。家族が受け取りに行くのだが、受け取りに費用もかかるし、特務に見られるというリスクもあり、多くの人が受け取りにいかなかった。受け取り主のいない遺体は六張犁墓地へ運ばれ、無縁仏として埋葬されたのだ。

しかし、この公共墓地に白色テロの被害者が埋葬されていることがわかったのは、長年、兄の遺骨を探していた曽梅蘭（ツォン・メイラン）が一九九三年五月に兄の名が書かれた小さな墓石を見つけてからのことだという。

苗栗銅羅山区で生まれ育った農家の兄弟、徐慶蘭（シー・チンラン）と曽梅蘭は、ともに一九五二年に逮捕された。二人は実の兄弟だが、苗字が異なるのは、二人の父が妻の家庭に婿入りし、次男に妻方の苗字を名乗らせたからだという。貧しい農家で、兄弟助け合いながら暮らしたが、生活の窮状は日本統治が終わっても変わらなかった。徐慶蘭は、農村にも活動範囲を広げていた地下組織に参加し、土地改革などを論じていたが、一九五二年二月に逮捕された。ほとんど活動していなかった曽梅蘭も、兄と同じ頃に逮捕され、台北の保密局（一九四六年まで「軍事委員会調査統計局」と呼ばれていた中華民国の情報機関）で取り調べられた。徐慶蘭は八月八日に処刑され、曽梅蘭は「反乱組織に参加した罪」で、懲役一〇年の判決を受けた。幼少時から助け合い、生活をなんとかよくしたいと活動していた兄弟が、このような形で引き離された。

曽梅蘭は「どうしても兄の遺骨を探し出して欲しい」と言い残して亡くなった母の願いを叶えようと、力仕事などをしながら、長年あちらこちらを転々とした。次の捜索の当たりを付けようとこの墓地の周辺に住んでいた時、近所の人が偶然、「徐慶蘭」と書かれた墓石を見つけ、曽梅蘭に知らせてくれた。これをきっかけに、ここには徐慶蘭のみならず、他にも多くの白色テロの被害者の遺骨が埋葬されていることがわかった。つまり、この無縁仏が散らばる墓地は、四〇年もの間、ひっそりと荒れ果てた状態で放置されていたことになる。

国民党統治下では、本省人だけでなく、多くの外省人も迫害された。この六張犁に埋葬されている遺骨は、五八％が外省人のものだという。[27] ガイドは、こんな風に話していた。

「台湾には身寄りがなく、遺骨を引き取りに来てもらえなかった外省人が、ここには数多く埋葬されています。日本語も台湾語もできず、仕方なく国語（標準中国語）でコミュニケーションをとっていた教員や生徒が、地下活動を行っていると疑われ、逮捕されました。〝恐怖の検査〟という木版画を描いただけで、銃殺刑に処された著名な芸術家・黄榮燦（ファン・ロンツァン）の墓もここにあります」。黄榮燦は重慶出身で、魯迅の木版画運動に学んだという。著名人には似つかわしくない、小さな墓石の前に花が置いてあった。

こうしたガイドは、白色テロの被害者やその家族で作る「台湾地区政治受難人互助会」から派遣されている。彼女は別れ際、「中国は大きな国で統治が難しいのだから、民主化など拙速にやれば国が乱れる。国の利益を考えずに動くのはダメなのです」と私に語った。六張犁には「中国と台湾の統一を願う」と書かれた大きな記念碑もあった。中国から台湾に家族や親族の遺骨を探しに来る人たちの支援も行っており、互助会は中国との繋がりを重視し、「台湾独立」という考え方には反対しているようだ。

同じ白色テロの時代を描くにしても、政治的立ち位置によって異なる視点が表されるのだと感じた。

国民党政権による「犯罪」を現在の民進党政権が調べ、告発しているわけだが、スパイ活動をしているとか、共産党と通じていると疑われ、罪を背負わされた外省人もいる。複雑な歴史的事実を単純化して見ないようにと、龍應台は六張犁を紹介してくれたのだろうか。

学生たちの研修のたびに協力してもらっている二二八基金会の人たちは、政治色で言うと「緑」の民進党支持で親日家が多い。それどころか、中国の共産党政権を強く批判し、それと対照する形で日本を美化する人もいた。学生の中には、中国人の両親の下、日本で生まれ育った中国籍の者もおり、そうしたある種、「濃い緑」の言葉にはさすがに感じるところがあったのだろう。「僕は中国出身なのですが……」と挙手し、「中国」と「日本」をそう単純に規定してよいのかと問題提起する場面もあった。

一方、龍應台文化基金会の事務所では、私が『自由時報』にコラムを書いたことを知ったスタッフから、「どうしてこんな新聞にコラムを書くの」と質問を受けた。『自由時報』は「緑」の主張が中心の新聞だ。私は特に自分の政治的主張から選んで書いたわけではなく、たまたま書く機会をもらっただけなのだが。

さらに、日本に帰国後、龍應台文化基金会の活動に参加したことを日本で長年暮らす台湾の友人に話すと、彼女の顔が曇った。友人は自身を「極緑」と表現した。台湾人としてのアイデンティティを強く打ち出す彼女の目には、龍應台は「青」の国民党側と見えており、自分は彼女とは異なる、と言いたかったのだろうか。

私は普段、日本で自分の政治的な立ち位置を明確にすることはほとんどない。相手の立ち位置についても、気にすることはあまりなかった。台湾では、身近なレベルで政治的色合いが細かく分かれている。どのような話題でも、何をするにも、「あなたはどっちなの?」と聞かれているようで、戸惑いを感じた。台湾の政治に積極的にコミットしようとしているわけではないのに、どちらの立場か表明しなければならないのか、と。一方で、自分の暮らす国、自分の所属する社会のことを真剣に考えているからこそ、彼らは自らの立ち位置を常に問い続けているのだとも思った。

台湾の歴史教育 「政治的中立規定があります」

台湾の大学で学んだ日本人の友人は、こんな風に話していた。

「私が留学していた頃(二〇一〇年頃)は、「この先生は〝緑〟」「この先生は〝青〟」と後から来た留学生に教えるのが、重要な仕事だった。台湾の歴史についてのレポートなど、先生の政治的立ち位置を無視して書くと不合格になることもあったからね。〝台湾の国としての位置付けは……〟と留学生がレポートに書いたら、クラスの誰も口を聞いてくれなくなったことさえあった。そういう時代だったわ」

そう遠くない過去に、授業での発言や提出するレポートで担当教員の政治的立場に配慮しなければならなかったのか。では現在、台湾の教育現場はどのように政治に関連する事柄を教えているのだろうか。龍應台文化基金会に学校を視察したいと頼み込んだところ、アポイントメントには苦労したようだが、なんとか高校を案内してもらうことができた。学校の名からして「青」に近そうな学校だったが、校長先生は開口一番、いかに生徒の自主性を尊重し、民主的な教育を行っているかを語った。

「台湾はとても民主的になっています。我々は生徒の見方を尊重し、討論などを重視しているのです。時代ごとに歴史を学ぶのではなく、テーマに沿って学習しています。さまざまな世界の国々の関係を見ながら、公民、地理、歴史など、異なる教科を連携させて学ぶのです」

続けて校長は、教員の教え方に偏りがあってはならないと話し始めた。

「客観的なものを取り入れることが重要なのです。資料やデータを適切に利用して教えられない教員の授業では、生徒は浅い学び方しかできなくなります。単一的に教えるのではなく、さまざまな見方を理解した上で、自分の観点を示すよう生徒を導くべきですが、自分の見方に偏っている教員もいます。政治性とは何でしょうか。政治的中立に関する規定がこの学校にはあります。つまり、偏りのある内容を教えてはならないのです。親にもそれぞれ政治的立場がありますから、子どもは影響を受けているのでしょうが」

「子どもたちは急速に変わっていきます。最近など、三年程度の短いスパンで変化が生じるようです。グローバル化が進む中、子どもたちは国や政党では政治的立場を語らず、とても天真爛漫です。つい先日、レノン・ウォールをつくった生徒らをどのように指導するか悩みました。教員の方から、〝何が間違っている〟〝間違っていない〟などとは言えないですよね。というか、言ってはならないのです。だから、〝壁に好き勝手に貼り紙をしてはならない〟とか、〝キャンパスの安全を破壊してはならない〟という理由で、諦めてもらうしかない」

この高校の生徒たちは、逃亡犯条例改正案の反対デモで奮闘する香港の若者たちを支援しようと、校内の壁をレノン・ウォールに変えたのだった。

レノン・ウォールは、一九八〇年代の共産主義体制下のチェコスロバキアで、ジョン・レノンの死を偲ぶ若者たちがつくったのが始まりだと言われている。香港では二〇一四年の雨傘運動の際にも、デモ隊が占拠したエリアの歩道橋などに、自由と民主主義を讃えるメッセージを壁一面に貼り出した。今回の逃亡犯条例反対デモでは、香港のみならず、香港を支援する人たちが世界各地でレノン・ウォールをつくっている。しかし、この校長は生徒たちのこうした動きを、好ましいとは思っていないようだ。

「以前は、式典などで国歌を歌う時、最後まで歌い終わってからその場を離れたものですが、今の子どもたちは歌い終わる前に、もうどこかに歩いて行ってしまう。でも、〝これが正しい〟とか〝正しくない〟とか、言えないのです。総統だって、〝国歌を歌わない〟と言うぐらいですから」

台湾の国歌は国民党政権時代につくられたものであり、すなわち、中華民国国歌である。歌詞には「三民主義は我が党（国民党）の指針、これで民国を建設し……」といった国民党を讃える内容が含まれている。国民党政権下ではこの国歌を斉唱するほか、国旗（中華民国旗）を掲揚し、国父である孫文の肖像に一礼するといった儀式が行われていた。民進党政権になり、少しずつ見直しを求める声が出ている。

校長室でしばし話を聴いたのち、一コマ五〇分の一年生の「中国歴史」の授業を見せてもらうことになった。この日の授業の内容は、台湾の民主化のプロセスを説明するものだった。

台湾の高校で学ぶ「中国史」

「陳水扁（チェン・スイピエン）元総統は、美麗島事件の逮捕者の弁護団に参加していたのよ。美麗島事件はわかるかな。一九七九年一二月、雑誌『美麗島』主催のデモ活動で警官と衝突した人たちが投獄されたの。つまり、言論弾圧の事件ね。この事件は台湾の民主化に大きな影響を与え、現在の台湾の民主主義につながっているの。陳水扁は台湾民主化運動の先駆者・鄭南榕（チョン・ナンロン）が創刊した『自由時代』系列の雑誌社社長にも就任した。二二八事件被害者の救済や、戒厳令解除を求めて運動を続けていた鄭南榕は、国民党に何度も逮捕されていた。国民党の強硬策に抵抗した鄭南榕は、一九八九年一月二七日から七一日間、雑誌社の編集室に立て籠もった。そして四月七日、機動隊が突入する直前に、鄭南榕は編集室を閉め切って火をつけた。焼身自殺を図ったのね」

鄭南榕が焼身自殺をした編集室は現在もほぼ当時のまま残されており、鄭南榕基金会が展示や学びの場として活用している。このマンションの一室を使った鄭南榕紀念館の前の通りは「自由巷」と名付けられ、鄭南榕命日の四月七日は「言論の自由の日」に定められている。

「戒厳令は一九八七年には解除されていたのに、なぜ鄭南榕は反乱分子として捕らえられたのかしら。その頃、民主進歩党はもう設立されていたわ。一九九〇年三月には野百合学生運動（三月学運）が行われ、全国の大学生約六〇〇〇人が参加したと言われている。野百合は台湾の固有種で、白い花を咲かせ、純血や生命力の強さを象徴することからその名前がつけられたと言われているわ。学生たちが中正紀念堂で座り込みを始めたのは、戒厳令が解除されていたにもかかわらず、動員戡乱時期臨時条款がまだ撤廃されておらず、議会政治が機能していなかったから。学生たちは当時の李登輝総統に憲法改正、国是会議の召集、民主改革のタイムテーブルの提示を求めたの」

国共内戦の総動員体制を敷くため、前年に施行された憲法を凍結して制定されたのが、動員戡乱時期臨時条款だ（一九四八年四月一八日）。しかし、国民党は国共内戦に敗れて台湾に逃れたため、同じく超憲法的な規定である戒厳令下の台湾で、この臨時条款は施行され続けた。完全に廃止されたのは一九九一年になってのことだった。この条款の存在ゆえに、総統に国防や治安の権限が極度に集中し、選挙も凍結され続けた。

先生は細身で茶色の長い髪の若い女性だ。彼女はおそろしく早口で、この複雑な歴史的事実を説明していく。五〇分の授業でこの内容は詰め込みすぎではないか。その上、生徒に問いかけはするものの、答える余地を与えず、ほとんど先生が一方的に話をしている。今日の授業は講義が中心で、別の機会に討論を行っているのかもしれない……。そうぼんやりと考えていると、

「さあ、ここでクイズです。選択問題に答えてくださいね。総統の直接選挙が行われたのはいつからでしょう。A二〇〇〇年、B一九九四年……。得票率の変化をグラフで見てくださいね。これはどのような特徴を表しているでしょうか。A、B……」

うわあ、速い……。李登輝時代から現在の蔡英文政権に至るまで、急速モードで問題が次々とスクリーンに映し出される。私は目をパチパチさせながら文字を追い、先生の話を聞いたが、と

てもついていけない。生徒たちは真剣に、プリントに解答を書き込んでいる。

問題を解かせながら、先生はさらにこの時代に起こった出来事を話している──さまざまな雑誌が発刊され、社会が開放的になっていく。経済発展によって政治参加も進み、戒厳令が解かれる──「中国大陸は急速に発展しているけれど、民主はどうかしら？」と生徒に問う。消費者保護運動、母語運動、原住民への注目、性別の平等、環境保護、資源の問題。先生はこの授業で、多くのテーマをいっぺんにまとめて話している。

続いて先生は、言論の自由の観点からメディア各紙の公平性を評価したリストを生徒に示した。「緑」陣営が主要な読者である『自由時報』は「最も公平」のグループに入っている。龍應台文化基金会から同行してくれたスタッフが眉をひそめた。先生はこの表についても、説明を詳しくすることなく次に進んだ。

授業の後、職員室でこの歴史の先生と、もう一人の年配の女性の先生から、短時間だが話を聞いた。歴史の先生はあまり発言せず、もう一人の女性の先生が主に私の質問に答えてくれた。台湾の歴史教育はどのような変化を見せているかという問いに彼女は、こう答えた。

「台湾は現代を重視しているのです。また、台湾と東アジア、そして世界とのつながりを強調するカリキュラムを今年から導入しています。それに合わせて、地理、歴史、公民などの入試の内容も変わります。これらは必修ですから、カリキュラム改革の幅は大きいですね。授業における討論も大切な要素です」

日本では一八歳から選挙権が持てるようになり、高校で主権者教育が行われているが、政治的中立性の問題もあり進めるのが難しい、と私が日本の状況を説明すると、やはり歴史の先生ではなく、年配の先生の方がこう言う。

「台湾では一八歳で国民投票に参加できますが、選挙権は二〇歳からです。投票の際に何を重視するかを考えさせるために、論争的な社会問題を学校でも教える必要がありますが、偏りがある教え方はできないし、冷静で客観的な判断が難しいというのは、台湾でも同じことですね。例えば、白色テロについても、生徒は〝具体的に誰が悪いことをしたんだ〟という話に持っていこうとするから、そのように感情的になるのではなく、大きな歴史の流れから捉えさせようとしています」

討論を重視するカリキュラムも導入されているようだ。見せてもらった授業は、テストに向けて急ぎ足で解説していたのだろうか。しかし、どう考えても、先生の説明は「青」に近い人たちから見ると「緑」に行き過ぎている——生徒が授業でどのような議論を展開するのか知りたかった。この内容について討論が行われるかはわからないが……。

夫の親族に教員がいるという台湾在住の友人は、「教員の間で、お互いに制限し合う雰囲気はあるようですね」という。「教えている内容に偏りがあるとして呼び出されるかもしれないと考えれば、〝この話はしないでおこう〟、〝これについては評論しないようにしよう〟と、ブレーキをかけてしまうと親族が言っていました」

ダーク・ヘリテージ

教育は学校でだけ行うのではない。

台湾では、歴史的建築物や文化遺産を通して歴史を学ぶコミュニティでの活動が活発だ。特に、日本語で「負の遺産」、英語でダーク・ヘリテージ（dark heritage）と呼ばれるような場所や建造物に関する学習活動が興味深い。被災地や戦争跡地など、人の死や悲しみに関わる場所の観光として、ダーク・ツーリズム（dark tourism）、ブラック・ツーリズム（black tourism）、悲しみのツーリズム（grief tourism）なども注目を集めている。先に紹介した景美や緑島の人権文化園区はもちろんそうした範疇に入るが、台湾にはこれら以外にも多くのダーク・ヘリテージがあり、教育に活用されている。例えば、日本統治期に建てられた監獄も学習や交流の場となっている。

苗栗事件[*28]の首謀者とされる羅福星（ルオ・フーシン）ら、日本統治時代初期の「抗日英雄」が収監されていた台北監獄は、北側と南側の塀とアーチ型の門しか残存していないが、地域や学校の活動に活用されている。羅福星は、広東省出身の客家の両親の下、インドネシアで生まれ、辛亥革命の影響を受けて、台湾を解放しようと潜入、一九一三年に抗日蜂起を計画し、逮捕された。私が台北監獄の古跡を訪れた際には、台湾南部からツアーで来ているのだろうか、台湾語を話す親子のグループが集まっていた。

「下関条約で台湾は日本の植民地になったでしょう。祖国から見捨てられたと知った台湾人たちは自分たちの手で民主的な台湾をつくろうと武器を持って立ち上がりました。日本軍に制圧されて逮捕された人たちがね、この監獄に入れられたんだ」

と親子のグループを率いる先生が、子どもにわかりやすい言葉で、ていねいに説明していた。壁の一部は、赤レンガで封じられたアーチ型の門になっているが、これは、監獄の処刑場で死刑囚の銃殺処刑が公開で行われた後、遺体を迅速に遺族に引き渡すために使われたという。

「台湾は暑いでしょう。夏など遺体がすぐに腐ってしまうから、このレンガのドアから遺体を早く運び出す必要があったんだ」

子どもたちは皆、小学校低学年ぐらいだろうか。持っているワークシートを見せてもらうと、「ここで制裁されたのは、苗栗事件、西来庵事件*29、霧社事件*30、どの抗日事件に関わる人ですか」というクイズが載っていた。

ガイドの力　共感と対話の場をひらく

私はグループの集団の後ろにいて、そっと話を聞いていた。中国で調査をする時もそうだが、外見が台湾や中国の人たちと似ている私は大抵、地元の人たちの中に自然に交じり込むことができる。先生は、日本人がいると知っていれば、説明の仕方を変えていたかもしれない。

先生は、一九四四年から一九四五年に撃墜されて捕まった連合軍のパイロットも収監され、ここで処刑されたと説明した。台北監獄の塀に取り付けられていた小さな解説のボードは、二〇〇九年、台湾戦争捕虜協会が台北市文化局に承認を得てやっと設置されたのだという。二〇〇五年六月、捕虜が処刑されてから六〇周年という年に、台湾戦争捕虜協会が捕虜の家族を台北に招待し、塀の前で記念式典が行われた。

私は偶然にも、台湾でこのような子ども向けの監獄ツアーに出くわしたことがもう一回ある。二〇一九年五月に嘉義（ジャーイー）監獄を訪れた時のことだ。嘉義監獄は日本統治期の一九二〇年に竣工し、一九九四年まで監獄として使われていた。同時期に建てられた台北、台中、台南の監獄はすでに壊されたり、改築されたりしているが、嘉義監獄はほとんど当時のまま残っており、二〇〇五年に国定古跡に指定され、二〇一一年から博物館になっている。

嘉義監獄は中心に置かれた中央見張所を起点に三つの棟（智、仁、勇の三舎）を放射状に配置する三翼放射状平屋舎房で、少ない人数ですべての獄舎を監視できる、いわゆる「パノプティコン」

システムを採用している。中央台には天照大神を祀った祭壇があった。天井に空中回廊が張り巡らされており、上からも監視できる。規律を守らない受刑者には、上から水をかけたりもしていたという。水牢らしきものも残っているようだ。

女性のガラガラ声のガイドが、ユーモアたっぷりに子どもたちに説明していた。彼女は常に質問し、子どもの答えを引き出しながら、話を進めていた。

「この監獄は誰が作ったの？　材料は何かしら。木材は誰のもの？　日本統治時代よ。いいにおいでしょう。これは阿里山から取ってきた木なの。木材を手に入れるのにお金はかかるの？いいえ！　日本統治時代なんだから。日本人はタダで手に入れたのよ。じゃあ、監獄を作るのに、他にどんなところにお金がかかるの？　そう、労働力でしょ。じゃあ、お金をかけないで建てるためにはどうしたらいいの？　そうよ。受刑者に働かせるのよ！」

テンポよく話し続けるガイドは、子どもを飽きさせない。受刑者は、雨の日も晴れの日も、苦しい労働を強いられたという。阿里山の檜を使っているこの監獄は、実にいいにおいがした。通風や湿気の防止を考えて、工場や房舎の天井を高くするなど、工夫はしているようだ。ガイドは、受刑者が食事を受け取るための小さな窓を指差して言った。

「ほら、こんなに小さい窓からご飯をどうやって運ぶの？」というガイドの質問に対して、子どもが「コーヒーを運んでくれたのでは?」と答えた。「何を言ってんの! ここはホテルじゃなくて、監獄よ。そんなサービスあるはずがないじゃないの!」とガイドが言うと、皆、大笑いした。ガイドは受刑者が使っていた「馬桶」(便を入れる木製の桶)を開けると、「どう、におうかしら?」と子どもたちに蓋を回した。子どもたちは「いいにおい!」と大きな声で答える。「当たり前よ。阿里山の木を使っているんだから。これは後から作った模型だけどね。昔のことを想像してごらん。とてもひどい環境だったのだから!」と、ガイドは応じた。

実におもしろかった。ガイドは日本が近代化を進める中で、西洋から建築を学び、監獄をより人道的な矯正の場に変えようとしたことも、子どもたちに教えていた。例えば、女性専用の房舎は、三歳までの子どもと一緒に生活でき、室内にお風呂や子どもの遊び場もあった。男性用の房舎の風呂は屋外で、冬でも水浴びをする状態だったという。

東アジアの植民地における監獄の比較研究を専門としている台湾大学助理教授・黄舒楣(フォアン・シュミン)は、二〇二〇年二月に日本を訪れた際、私の企画した講演会で嘉義監獄の保存と活用に至るプロセスを話してくれた。彼女によると、嘉義監獄の保存運動で重要な役割を果たしたのは地元の小中学校教員、芸術家、刑務所教官らが組織した嘉義市人文協会で、嘉義税務出張所(一九二二年竣工)の保存運動に失敗した経験から立ち上がった人たちもいるという。保存が決まり、政府の関係機関は活用方法を検討するため、二ヶ月間、監獄を市民に開放した。蚤の市や書道のパフォーマンス、芸術祭、スケッチコンテスト、監獄のガイドツアーなど、さまざまな活動に一万四〇〇〇人が参加したという。

映画監督の侯孝賢（ホウ・シャオシェン）は、監獄の周辺の刑務官らが住んでいた日本家屋の残っているコミュニティを舞台に「童年往事」（一九八五年）を撮影したが、映画の鑑賞会と座談会が行われた際には多くの人が集まり、監獄を映画の撮影場所や劇場にしようという意見も出された。

しかし現在、嘉義監獄は十分に開かれた形では活用されていないと黄舒楣は考えている。市民からは、「音楽コンサートや絵画展を開いて欲しい」「エコロジーやコミュニティに関する活動を展開したい」「カフェや文物館をやりたい」といった意見が寄せられているし、歴史教育施設としてももっと積極的に活用できると彼女は述べた。

「とにかくさまざまな立場にいる人、異なる考えや見方を持っている人たちが集まって、徹底的に活用の方法を議論することが大切だと思うのです」

これこそが正しいという解答などない。開かれた環境でさまざまな声を出し合い、調整していくことで、思いもよらなかったアイデアが出てきて、共感と対話の空間を生み出すことができるのだ。その中で、過去と現在をつなぐコミュニティの記憶や集団の記憶が形成されていく。

暮らしの足元で　旧豊多摩監獄の門

私が台湾に行く度に監獄を回っているのは、当然、台湾の歴史教育に関心があってのことだが、それ以外にももう一つ大切な事情がある。

自分の息子が通う中野区立平和の森小学校が移転を予定している敷地に「監獄の門」があり、門を残すか取り壊すかで、論争が起こっていたからだ。この問題に親として、研究者として、地域住民として関わる中で、私はどうしても門を残したいと考えるようになった。そして、門の保存運動を展開するために参考になる事例を探すようになった。

私が「監獄の門」、つまり一九一五年に竣工した旧豊多摩監獄（旧中野刑務所）の正門について知ったのは二〇一八年一月、小学校のＰＴＡで「早く門を取り壊して新しい校舎を建てるよう中野区に働きかける」とある保護者が発言した時のことだった。

中野で暮らして一七年も経つというのに、私は地域の歴史を全く理解していなかった。

豊多摩監獄には戦前・戦中、プロレタリア文学者の小林多喜二、文芸評論家の亀井勝一郎、無政府主義者の大杉栄、宗教家の戸田城聖ら、多くの政治犯や思想犯が収容され、哲学者の三木清はここで獄死した。戦後はＧＨＱ（連合国軍最高司令官総司令部）が接収し、米陸軍刑務所として使用した。接収が解除された後、中野刑務所として引き続き使用されていたが、移転を望む住民の声が高まる中で一九八三年に閉鎖された。

中野刑務所の跡地は平和の森公園や矯正研修所として整備され、門は矯正研修所の一角に残された。レンガ造りの中野刑務所の正門は大正モダニズム建築の傑作とされ、「若き天才」と称された建築家の後藤慶二が設計した建物として現存する唯一のものだという。刑務所の閉鎖時、門の保存を求める声が高まり、残されることになったという経緯がある。

矯正研修所が昭島に移転するのに伴い、そこに平和の森小学校が移転することになっていたのだが、昭島の移転予定地で希少鳥類が見つかり、矯正研修所の移転は先送りされていた。こうして、小学校の新校舎建設も進めることができない状態が続く中、生徒数が増える一方の小学校では教室が足りなくなった。ＰＴＡは特別委員会をつくり、新校舎建設を早期に開始するよう区側に交渉していた。しかしＰＴＡの会合で「監獄の門」について議論されることはなく、あたかも取り壊すことが前提のようになっていた。

門の保存と活用を求める人たちは、いつの頃からか「監獄の門」を「平和の門」と呼ぶようになった。激しい思想弾圧下で戦争に向かった時代から現在に至るまで、人々が平和を取り戻そうとしたプロセスをこの門は目撃してきたのだから。

保存運動を推進するのは、建築家や市民がつくった「平和の門を考える会」。同会代表の前野まさる東京藝術大学名誉教授は、東京駅の駅舎や上野の奏楽堂の保存運動を率いた人物だ。同会が主宰する研究会などで度々講師を務めている神奈川大学教授の内田青蔵によると、旧中野刑務所正門の建築はオランダのアムステルダム派に影響を受けているという。アムステルダム派は歪んだ曲線を用い、感情や個性など、人間の内面性を表出することに重きを置く手作り感のあるデザインを特徴とし、シャープな線を用いる幾何学的なモダニズムのデザインとは相反する。中野刑務所の正門は、絵本に出てくる可愛らしいお家のような外観をしていて、一見して刑務所の門だとわかる人はほとんどいないだろう。

二〇一九年二月一日、中野区長の酒井直人は記者会見で、「旧中野刑務所正門のある旧法務省矯正管区敷地を平和の森小学校の移転用地として二〇一九年度内に財務省より取得予定である」「門の保存方法については、教育委員会、保護者、議会での議論、文化財的観点、費用等を総合的に判断し、外部見学のみの現地での保存とする」「中野区の文化財指定を経て、東京都の文化財指定を目指す」と説明した。

嘉義監獄の活用に関して検討されていたように、当初「平和の門を考える会」では、平和の森小学校の新校舎が完成した後、学校が休みの日などに門を外部に公開し、門の周辺のオープンスペースを使って地元のアーティストが作った作品や特産品を販売するマルシェ（市場）、漫才や演劇などのステージ、中野の歴史と今を考える討論会を行うなど、平和の森小学校らしさを存分に発揮したさまざまなイベントを企画することを提案した。夜間はライトアップすれば、美しいレンガのデザインが浮かび上がるだろう。

しかし、二〇一九年一月と二月に行われた新校舎に関する基本構想の意見交換会で配布された設計案では、四階建ての校舎は門に背を向け、門全体を囲い込むような形で配置されていた。これでは、イベントなど企画しようがない。意見交換会ではこの設計案に対する反対意見が多数出たが、区の担当者は、基本構想の大枠は変えられないという答弁を繰り返した。その上、校舎の窓は磨りガラスにし、門が子どもたちには見えないようにすると説明した。日本近代建築史上、高い価値を持つといわれる美しい建物を残す決定をしたにもかかわらず、このように校舎の陰に隠してしまうのであれば、何のために残したのかと問われるのではないか。「愚かな建築の事例」として、後々まで伝えられる学校になるかもしれない。

問いに応えるには

二月の意見交換会についてきた当時小学二年生の私の息子は、会場ではじっとしておられず、出たり入ったりしていた。行く前は「僕も意見を言おうか」なんて言っていたのに、結局は何の質問もしなかった。門をめぐる歴史を詳しく学ぶには、まだ幼すぎるのだろう。彼の豊多摩監獄についての理解は「戦争に反対した人たちが入れられた」というシンプルなものだ。私は「そう単純なことではないよ」と応じ、詳しいことはもう少ししてから学ばせたらよいかと、その時は無理に教えようとはしなかった。

しかし、意見交換会の次の日、息子が朝食の準備をしている私にふと、「どうして磨りガラスの窓にするの？」と尋ねたのに対して、「はて、子どもにどのように説明すればよいのか」と考え込んでしまった。

どうして磨りガラスの窓にしなければならないのか、私にもわからない。

学校に門が残っていることを、子どもたちに隠すことなどできない。区の担当者は、子どもの疑問に真摯に答える準備などしていない。なぜなら、門をめぐる議論から、子どもたちは完全に排除されてしまっているのだから。「子どもを第一に考える学校建設を」と言いながらも、大人たちは、子どもの意見を全くと言っていいほど聞いていなかった。

平和の森小学校の新校舎建設は遅れに遅れている。移転予定地である旧法務省矯正管区敷地の地下には調査が必要な埋蔵物があることがわかり、中野区は二〇一九年度に用地を取得できなかった。また、小学校敷地内に門が残ることへの反対意見が根強いことから、中野区は現在「現地での保存」に加えて「移設」の検討も始めている。

台湾の蔡焜霖から私のもとに、『愛唱歌的小熊』（歌うのが大好きな子グマ、星月書房、二〇一七年）という絵本が航空便で届いた。緑島の新生訓導処で蔡焜霖が共に過ごした蔡炳紅（ツァイ・ビンホン）の悲しい死を思い描きながら、この絵本を作ったのだという。

蔡炳紅は台南師範学校を卒業後、小学校の教員をしていたが、一九五〇年六月に突然、自宅から連行され、「叛乱組織に参加した」罪で懲役五年の判決を受けた。緑島の新生訓導処で服役していた時、失望していた女性を励まそうと、中国の歌「勝利の歌声」の歌詞を書いて渡した。そのメモが見つかってしまい、「女性に共産主義思想を植え付け、叛乱組織に勧誘しようとした」と解釈され、軍事法廷にかけられた。懲役三年が追加されたが、「再度より厳格に判断せよ」との指示が上から出され、他の新生訓導処にいた一三名とともに銃殺刑に処された。蔡炳紅は一九五六年一月一三日、二六歳で亡くなった。

台湾の人たちはこの悲しい歴史を、歌うのが大好きな小熊が歌うことを禁じられてしまうというストーリーで、子どもたちに伝えようとしている。一方、私の息子の小学校では、「小学校の学習指導要領に含まれていない」という理由で、門について教えることはできないのだという。そして香港では、二〇二〇年七月八日、教育局長の楊潤雄（ケビン・ヨング）が、抗議活動のテーマソング「香港に栄光あれ」などの政治的メッセージを持つ歌を校内で歌うことを禁止すると述べた。

香港はこれからどうなっていくのか。香港の若者は、歌うことが大好きな子熊のように、歌うことを禁じられ、さまざまな場面において口を封じられていくのだろうか。

対抗の知恵　主戦場はＳＮＳ

香港の人たちは、とてもクリエイティブに民主化運動を展開していた。ユーモアのあるイラスト、遊び心いっぱいの動画、目を引くスローガン……。今を生きる人たちは、ＳＮＳを主戦場としている。迅速に、わかりやすく、そして活力溢れる姿勢で主張を伝えなければならない。情報やメッセージの内容や発するタイミングによって、それまでの流れが急に変わってしまうこともあるし、変化が自らの関わる運動や活動に良くも悪くも働く。まさに、勝つか負けるかという正念場が続いていく。さまざまなアプリが開発され、デモ隊の進行ルート、警察や放水車の位置、催涙ガスが発射されたかどうかなど、リスク管理に役立つ情報がいち早く伝えられる。お店は黄（デモ支持派）、青（政府支持派）にマッピングされ、検索できるようになっている。日本の吉野家など、中国政府寄りとされるマキシム（美心）グループのフランチャイズに入っている店は青に分類されており、「吉野家 YOSHINOYA」のオレンジ色の背景に黒い文字の入ったロゴは、「告別屋 SAYONARA」と変更され、ＳＮＳに大量に発信された。

公共放送局の香港電台（ＲＴＨＫ）、『蘋果日報』や『明報』などの新聞社は、Facebook で事件や活動の現場、記者会見の動画を配信している。こうした生の情報を整理し、イラスト付きでわかりやすいまとめ記事を出す人たちもいる。警察が一メートルという至近距離でデモ参加者に発砲したことや、地下鉄構内や住宅密集地で催涙ガスを放ったこと、デモ参加者に扮した警察が衝突をわざと引き起こし、デモ参加者を逮捕したことなどを説明するサイトは、主に中国語や英語で書かれているが、日本語にも翻訳されてさらに発信される。

二〇一九年の中秋節には美しいパフォーマンスも行われた。獅子山（九龍と新界の間にある獅子のような形をした岩が特徴的な低い山）と太平山（香港島に位置し、夜景の名所として知られるビクトリアピーク）で人間の鎖をつくり、携帯電話のライトで対岸同士を照らし出し、「普通選挙の実現」などのスローガンを浮かび上がらせたのだ。その一ヶ月後、獅子山には、ガスマスク、ゴーグル、ヘルメットを着用した女性の抗議デモ参加者をモチーフにした「香港民主女神」像が運び込まれた。女神は片手に雨傘、もう一方の手に「光復香港、時代革命」（香港を取り戻せ、時代革命だ）と書かれた黒い旗を掲げている。

Stand With Hong Kong（香港とともに戦う）というネットワークは、世界各国でも活動を展開しており、クラウドファンディングなどによって多額の寄付を集め、新聞に全面広告を掲載した。日本では「自由のため、香港とともに」「香港人は戦う、守るべきもののために」などのメッセージの入った広告が日本経済新聞や朝日新聞に掲載された。*31

二〇一九年八月一一日に警察にビーンバッグ弾（鉛粒を詰めたお手玉のような形をした弾丸）を打たれ、右目を失明した救護隊の女性を想っての抗議活動では、多くの人が右側だけ赤く血の色に染めた眼帯をつけて写真を撮って発信した。この頃、宝飾品のブランド・ティファニーはモデルの女性が片目を片手で押さえている写真の広告を使っており、これが香港の抗議デモへの支持を意味するという噂が広まった。広告はデモが始まる前に制作されたものだったが、中国大陸ではティファニー不買運動を呼びかける動きもあり、企業は対応に追われた。『人民日報』は、抗議参加者がさまざまなアプリを利用していると指摘し、「アップルは暴徒をナビゲートしている」として、アップル商品の不買を呼び掛けた。

Facebookに「花園の芝生に卵が一つある」という文章を卵の写真とともに掲載した龍應台も、

ネット民の攻撃の対象になった。

彼女は、平和的、理性的に公平、正義、法の支配、ガバナンスの透明性、参政権を求めることは普遍的なことであり、それは香港だけでなく、中国大陸の各地の人たちも求めていることだと記した上で、「頑なに香港人を〝香港独立〟と決めつけ、中高生や大学生を国家の敵と見なし、自分の同胞に〝外国勢力の走狗〟というレッテルを貼り、中国で最も輝く〝東洋の真珠〟を粉々に打ち砕くならば、おそらく、それは二一世紀に台頭する中国の最も不幸で粗暴で愚昧な蛮行となるであろう」と述べた。中国ではFacebookは「壁越え」(ネット規制を突破するソフトなどをダウンロードすること)しなければアクセスできないのだが、多くの龍應台ファンが「壁越え」をして彼女のFacebookを見ている。この投稿が話題になっていることを知った中国政府は、ネットショップや書店の棚から、彼女の本を全て撤去した。

やがて、龍應台のFacebookには、「小粉紅」が攻撃的なコメントを書き込むようになった。「小粉紅」は直訳すると「ピンクちゃん」で、中途半端に「赤く染まっている」(共産主義思想に染まっている)若い世代の民族主義者を意味する。日本のネトウヨのような存在と言えるだろうか。他のサイトでも、香港のデモの取材に行った中国出身の記者が写真を投稿すると、大人数の「小粉紅」に「港独」(香港独立主義者)というラベルをつけて集中的に非難を浴びせられるなど、中国側からの圧力が強くなった。

しかし実は、中国大陸でも、自由が制限されることへの不満や皮肉を込めた投稿が溢れている。

「小粉紅」が多くの発信を続ける傍らで、このようなFacebookの投稿が目に入った。

「中国の多くのものは信じられない。一般民衆も信じないし、役人も、学生も信じない。教員も信じない。話している人も、書いている人も信じていない。でも、皆、努力して信じているようなふりをしているだけ。上手に装える人ほど、賞金や賞与を多くもらっている。我々がこんな風だから、中国はデマに満ち溢れた、ペテンが横行する土地に変わってしまった。良いことと悪いことがひっくり返り、善悪がわからない奇妙なお国柄になってしまった。なんという邪悪と悲哀なのか！」

ライブ配信される暴力

大規模な衝突や事件現場の報道では、市民記者や、市民の寄付で成り立っているオンラインメディアによるライブ配信が、重要な役割を果たしていた。映像や音声があれば、どこに問題があるのかが一目瞭然ということもある。特定の集団や個人に過度な攻撃が行われたり、歪んだイメージを発信したりするなど、意図的な情報操作が行われないように、発信する側も受け取る側も情報を収集し、分析しなければならない。

注目すべき事件や出来事は数多いが、そのうち、親中派の立法会議員・何君堯（ユニウス・ホウ）

に関連するものを紹介しよう。

何君堯は二〇一九年七月二一日に起きた元朗事件との関わりを疑われていた。「スターリー・シスターズ」の章で触れた、覆面と白いTシャツの集団が地下鉄の元朗駅で民主派活動家や通行人を襲撃した事件だ。何君堯は自身の関与を否定したが、「覆面集団は地元と住民を守っている」と擁護した。握手をしたり、親指を立てて応援の合図を送ったりする様子が発信され批判は強まり、事務所は襲撃され、両親の墓が壊されるまでの事態になった。所有する馬が出走予定だった競馬のレースがデモ隊によって中止に追い込まれたり、近づいてきた男が花束を手渡すふりをして刃物で刺すという事件まで発生し、一部始終の動画が拡散された。何君堯は立法会議員と兼任可能な区議会議員選挙に立候補しており、当時選挙区での宣伝活動中だった。

この事件の四日前には、民主化デモが行われていたショッピングモールで、男がナイフでデモ参加者の市民五人を切りつけ、止めに入った香港東区区議会の議員が、男に耳の一部を噛みちぎられ重傷を負っている。

これらはショッキングな事件だ。民主派と親中派など、異なる立場にある陣営の衝突が激化し、互いにネット上で攻撃し合うというネガティブな動きも見られるが、一部のものにとどまると言ってよい。ほとんどの抗議活動はルールを構築し、建設的な議論を積み重ね、行動に転換していくというポジティブな動きが中心である。

特に、今回の香港の社会運動では「Be water」（水になれ）という香港で生まれ育ったアクションスターのブルース・リーの言葉が多くの人々の精神的支柱となった。立場や主張の違いを乗り越えて、同じ目標に向かっていく姿勢が広く浸透していったのは、注目に値する。水はカップに注げばカップの形になるし、ポットに注げばポットの形になる。ブルース・リーは武術の哲学として、柔軟に相手の動きを読み、自らの技を決めることを心がけていた。「心を空にせよ。型をすて、形をなくせ。水のように」(Empty your mind, be formless, shapeless – like water)。三二歳という若さで急死したブルース・リー。このような形で香港の若者に影響を与えるとは思ってもいなかっただろう。

全否定を避ける

学生リーダーが中心となっていた雨傘運動の時とは異なり、逃亡犯条例改正案の反対に端を発した今回の抗議デモは「リーダー不在の運動」と言われている。倉田明子は、二〇一九年一二月に緊急出版された『香港危機の深層』(倉田徹・倉田明子編著、東京外国語大学出版会)の中で、「兄弟爬山、各自努力」(同じ山に登る兄弟同士、それぞれ努力しよう)というスローガンに着目し、暴力容認派と平和派が対立を乗り越え、目的が同じであれば、全否定や非難をできる限り避ける原則で、異なる意見の調整を行いながら忍耐強く運動を続けるプロセスを丁寧に分析している。テレグラムや連登など、暗号化できる機密性の高いSNSで、大きいものでは数千人規模のグループがつくられ、途切れなく議論が交わされる。議論から大きく外れた発言を繰り返す参加者が排除されることもあるが、全体としては、理性的で平和的な結論が導き出されているという。

「リーダー不在」とは、リーダーの資質のある者に欠けるということではなく、特定の人物による意図的な誘導を極力避けるということである。特権的に物事を決める「リーダー」はいないが、決断力と調整力を持つグループ管理者は不可欠だ。彼らは、多くの人を惹きつける運動の素案を出し、それをわかりやすく説明し、議論の調整役を務め、共通認識を得られた事項をグループ内外に周知するなど、運動をコーディネートする上で重要な役割を果たしている。

二〇二〇年一月二六日、明治大学での公開シンポジウムで、平和的デモを招集している「民間人権陣線」の中心メンバーの岑子傑（ジミー・シャム）と陳皓桓が報告してくれたが、彼らが取り組んでいることがまさに、運動のコーディネートだと感じた。沙田区の区議会議員も務める岑子傑はこのように話していた。

「リーダーがいなくても、秩序がなくてバラバラという訳ではないのです。言い換えれば、リーダーがたくさんいるということです。私たちは、運動のゴールを独立だと考えているのでしょうか。いいえ、香港の独立について考えることはありません。しかし、実現は難しいでしょうし、実際にそれをやろうとはしていない。私たちには軍隊がありません。軍隊を持つ中国共産党は、そう簡単に民主と自由を香港人には与えないでしょう。二〇〇万人がいくら抗議しても、今の状態で独立は非現実的です。五大要求の中に、香港独立は入っていません。ジョシュア・ウォン（黄之鋒）は、独立とは一言も言っていない。でも、中国共産党が勝手に、ジョシュアを〝香港独立分子〟と呼んでいます。民主と自由を求めるには必ず重い対価を支払わなければならない。私たちはその道を歩みます。台湾もこの道を歩みました。経済をうまく運営するためにも、社会が穏やかであることが必要であり、民主が重要です。警察が暴力で抑えるべきではありません」

通識教育は何を育むか

台湾のメディア『風傳媒』の呉典蓉は、台湾の教員は政治参加に積極的ではないと話していた。私は少し意外に感じたのだが、蔡英文政権が進める年金改革は教員には不評で、政権運営に不満を持つ人が少なくないこと、さらに、二〇一四年のひまわり学生運動の時も、教員は積極的には立ち上がらなかったことを指摘した。

それに対して、香港では、大学生のみならず、高校生までもが政治に関心を持ち、抗議活動に参加している。生徒がキャンパス内で逃亡犯条例改正案の反対に関連する活動を行うのを容認する学校も、少なくなかった。

香港の教員が社会問題に関心が高い若者の育成に前向きなのは、アメリカの「探究型学習」などを参考に返還後の教育改革で導入され、二〇〇九年から高校の学習課程で必修となった「通識教育科」（Liberal Studies）の影響があると言われている。

高校の課程修了時に全員が受ける公開統一試験は、就職や進学の際に点数の提出が求められるため、一生を左右するとも言われるほど重要だ。当然、高校生は公開統一試験の科目に含まれる通識教育を熱心に学ぶだろう。通識教育に関する問題は、報道の自由、法治、人権、立法会と政党、選挙制度改革、アイデンティティなど、時勢を捉えたものが出題されており、その多くに賛否のわかれるトピックが含まれている。[*32]

一例をあげよう。二〇〇八年には「高度な自治」について出題された。全国人民代表大会常務委員会委員長の呉邦国（ウー・バングオ）による「香港の自治権は中央から授けられたものである」とする「授権論」を取り上げ、呉邦国の談話を報じた新聞記事の一部抜粋と、香港基本法の二条、一三条、一四条、二五八条の条文を資料とし、「資料に基づき、呉談話についてあなたの解釈を述べよ」「香港特別行政区がすでに高度な自治を実行しているとの見方にどの程度同意するのか。具体例を挙げて意見を述べよ」という問いを設定した。まさに、香港社会で大きな論争となっている問題に切り込んでいる。

考えてみて欲しい。日本でこのような問題が入試で出されることなど、とても想像できないではないか。例えば、「沖縄の米軍基地の辺野古への移転に反対する意見について、あなたはどの程度同意するのか。具体的な論拠を挙げて説明せよ」といった問題を出す大学はあるだろうか。

二〇一八年に琉球新報と沖縄キリスト教学院大学の共同企画「沖縄から育む市民力」の講師として沖縄を訪れる機会があった。地元の教員たちと意見交換させてもらったが、選挙権が一八歳に引き下げられ、高校で主権者教育を行うよう文科省から指示が来ているにもかかわらず、ほとんどの高校で積極的には実施していないという。米軍基地問題は選挙の重要な争点の一つだが、大半の教員が教え方に偏りがあると見られることを恐れ、討論のテーマにも取り上げないのだ。

では、香港の教員はこうした論争の的になっているテーマをどのように教えているのだろうか。

先の呉談話に関する出題に関して香港考試局が出した答案全般への講評は、次のような内容だ。「自治の概念に関する理解が不十分で、呉談話を復唱するだけで内容に関する深い理解に欠けている。したがって、呉談話に潜む意図を理解していない」[*33]。

つまりこの出題には、生徒に「自治」の概念をさまざまな観点から論じ、その上で呉談話にはどのような意味があるのかを考えさせようという意図があることがわかる。生徒は呉談話に賛成しても、反対しても構わない。高得点を取るためには、分析の枠組みを厳密に設定し、論拠を明確にした上で批判的分析を展開することが重要になる。

批判的分析の力量

しかし近年、若者の政治活動が過激化するのは通識教育に問題があるためで、愛国教育・国民教育を強化すべきだ、という声が大きくなっている。

私は香港大学教育学部の博士課程を修了しているが、当時の指導教官の程介明（チョン・カイミン、香港大学元副学長）は、通識教育を含む香港の教育改革に長く携わってきた人物である。現在は大学を退官し、現役時代ほど活発ではないが、新聞のコラムなどで教育に関する意見を度々発信している。

程介明は、若者の変化の原因を通識教育にあると考えるのは誤りであり、教員は生徒の思考力や判断能力を高めるために、さまざまな工夫をして教育に尽力している、と述べている。

「教育は全く同じ生徒を生み出す機械ではない。ソーシャルメディアの影響下で教育の役割は弱体化した。教育の機能は社会によって制限されるのだ。教員はただ、生徒の頭に教科書の内容を植え付けて、生徒に知識を得させせようとしているのではない。生徒は外の世界と接触し、さまざまな経験をすることで、問題に対する見方を形成していく。通識教育で、教員は生徒に知らず知らずのうちに反共産主義を促進しているという人もいる。これは全く根拠のないことだ。一部にそうした教員もいるかもしれないが、全体的に見てそのようなことはない。多くの教員がさまざまな工夫をして教えている。通識教育には現代中国と今日の香港、コミュニケーション、グローバリゼーション、公衆衛生、エネルギーと科学技術、環境の六つの単元があり、単に政治を語るものではない。通識教育の利点は、学生が議論を通して分析し、論拠を持って論点を主張するというところにある。変化が予測できない現代社会において、生徒が独立して思考し、高い判断能力を持つことができるようにしなければならない*34」

教育改革に尽力してきた教育学者や、日々専門性を磨いている教育者の声は尊重されるべきであろう。彼らは通識教育を通して、自らの力で複雑な時代を生き抜くことのできる次世代を育成しようとしている。

しかし、今年五月の公開統一試験「歴史」(選択科目)で出題された「二〇世紀前半の中国と日本」に関する出題について、教育局長の楊潤雄(ケビン・ヨング)が、「侵略戦争で辛酸を舐めた中国国民の感情を著しく害する」として、香港考試及評核局（統一試験を担当する独立機関）に対し、設問を無効とするよう求める異例の事態となった。中国の新華社通信は「設問を取り消さなければ、中国人の憤怒は収まらない」「香港の教育は学生に毒をばら撒いている。根治すべきだ」と論評した。一方、教育界選出の立法会議員の葉建源（イップ・キンユエン）は、「問題は学生に同意を求めているのではなく、分析能力を問うものだ」として、香港・中国政府の過剰な反応を批判している。

問題となっている設問はこうである。「〝一九〇〇〜一九四五年の間、日本は中国に損害よりも利益を多くもたらした〟という説に、あなたは賛成するか。資料C（一九〇五年に刊行された法政大学総長・梅謙次郎の書物）と資料D（一九一二年に中国の革命家・黄興が政治家の井上馨にあてた手紙と、中華民国臨時政府と三井財閥との契約）を参考にし、あなたの知る範囲で答えなさい」

この出題について、『香港と日本』（ちくま新書、二〇二〇年）の著者・銭俊華（チン・チュンワ）が筑摩書房のホームページ「ちくまウェブ」で詳しく分析している。それによると、この形式の設問への解答方法として、（一）その説に対して賛成か反対かを表明する、（二）特定の時期を解答範囲とする、（三）賛成・反対どちらの立場にせよ、損害にも利益にも言及する、（四）資料を参考にする、（五）資料以外に生徒が知る限りの知識を用いて答えるという五つが考えられる。

資料Cからは日本が中国で法政学科の発展と人材育成を支援したことを、資料Dからは井上馨と三井財閥の支援で中国革命が成功したが、その一方で日本の介入で中国の内戦が勃発し、中国の鉄鉱山が抵当に取られたこと、しかも三井の貸金に対し、一年間で七厘という高い利子を負担しなければならなかったことが読み取れるはずである。つまり、これらの資料は「日本は中国に損害よりも利益を多くもたらした」との解釈に受験生を誘導するものではない。

さらに、資料以外にも受験生の知識を活用しなければならないが、一九〇〇～四五年、日中間で起こった出来事の多くは日本が中国にもたらした損害に関わる。対華二一カ条の要求、日本の中国に対する軍事行動、満洲国の成立など、教科書に載っていることの多くがそうした内容であり、日本の政治家や資本家がどのように清末の革命活動や中国の近代化を支えたかは、教科書以外の書籍を読んで勉強しなければならない。それゆえ、この分野の知識が不足している生徒は、「日本は中国に損害よりも利益を多くもたらした」に「賛成」と答えて、資料以外の論拠を挙げるのは難しいと、銭俊華は指摘する。

つまり、香港政府と新華社による非難は極めて理不尽であり、彼らは歴史試験問題への知識不足を自ら露呈したのである。しかし五月二二日、香港考試及評核局はこの設問を取り消して無効にした。

こうしたことからわかるように、香港の試験問題は実にレベルが高い。高得点を得るには、大学で学ぶ社会科学や人文科学の専門的な知識が必要であり、そうした高いレベルに応じた指導や、解答に対する適切な講評ができる教員や試験担当官は、相当高度な専門性を有していると言える。

香港っ子日本人

二〇一九年一二月の香港滞在時に、両親は日本人だが、香港で生まれ育ったという高校生の綾香（仮名）に話を聞いた。彼女は自分には「香港人」のアイデンティティが芽生えているという。香港は国という括りを超えて多様なものを受け入れてきたから、中国の「愛国」とはまた異なる郷土愛的なものがあるのがいいと言う。綾香は歴史の先生から多くのことを学んだと話してくれた。

「一九〇〇〜二〇〇〇年の中国史を学んでいるところですが、歴史は繰り返されていると感じます。場所と時が違うだけで、人間は同じことを繰り返しているのではないかと。文化大革命や天安門事件についても学んでいます。私の歴史の先生は、過ちを繰り返してはならないという考えの人で、事実を、本当のことを教えてくれます。生徒のデモ活動も応援してくれていて、歴史と今の状況を比較して議論することもあります。教科書を使いますが、先生オリジナルのプリントも作ってくれます。見てください、こんなに内容が豊富なんですよ。共産主義の問題、毛沢東時代、その頃とまた同じ失敗が起こっていると、先生の教材を読んで思わされます。歴史は覚えるだけでなく共感できるようにしなければならないのですね」

「私は学ぶ機会があってよかったと思います。香港のような小さい都市が戦っているのを見ると、私たちの生活は、ここまで大変な思いをして勝ち取らなければならないものだったのか、自由がない国は私たちよりもっとひどい生活をしているのだろうかって考えます。小さすぎてメディアが取り上げない国とか、内戦に苦しむ人たちなどをインターネットで見かけると、あちらの人たちも頑張っているんだな、世界ではそんなことが起こっているんだ、平和ってすごいことだなって思います。

政治についてここまで深く考えることができたのは、香港でデモについて考える機会があったから。私の友人たちもそう思っています。私も友人たちも、これまで政治や政府について、興味も知識もなかった。デモがきっかけで、自然に学びたいと感じるようになったことに、自分でも驚いています。政治を知りたい、実際はどうなっているのかって。眠れないぐらい心配な日々が続いていた時もあったけれど、こういうのって、考えもしなかった昔の自分にはあり得なかったですね。機会を得て、私の世界は広がりました」

綾香は社会における実体験と結びついた学びを楽しんでいる。彼女の目はキラキラ輝いていた。教育の中立性とは、一体誰が、どのような基準をもって判断するのか。さまざまな見方を提示し合い、資料をとことん集めて分析し、多様な観点から議論を深め、異なる立ち位置にいる人たち同士が対話する中で、何がバランスのある、公平な判断基準であるのかが見えてくるのではないか。権力側に立つ者が一方的に中立性を押し付けるのはフェアではない。

2548 7000
TSL

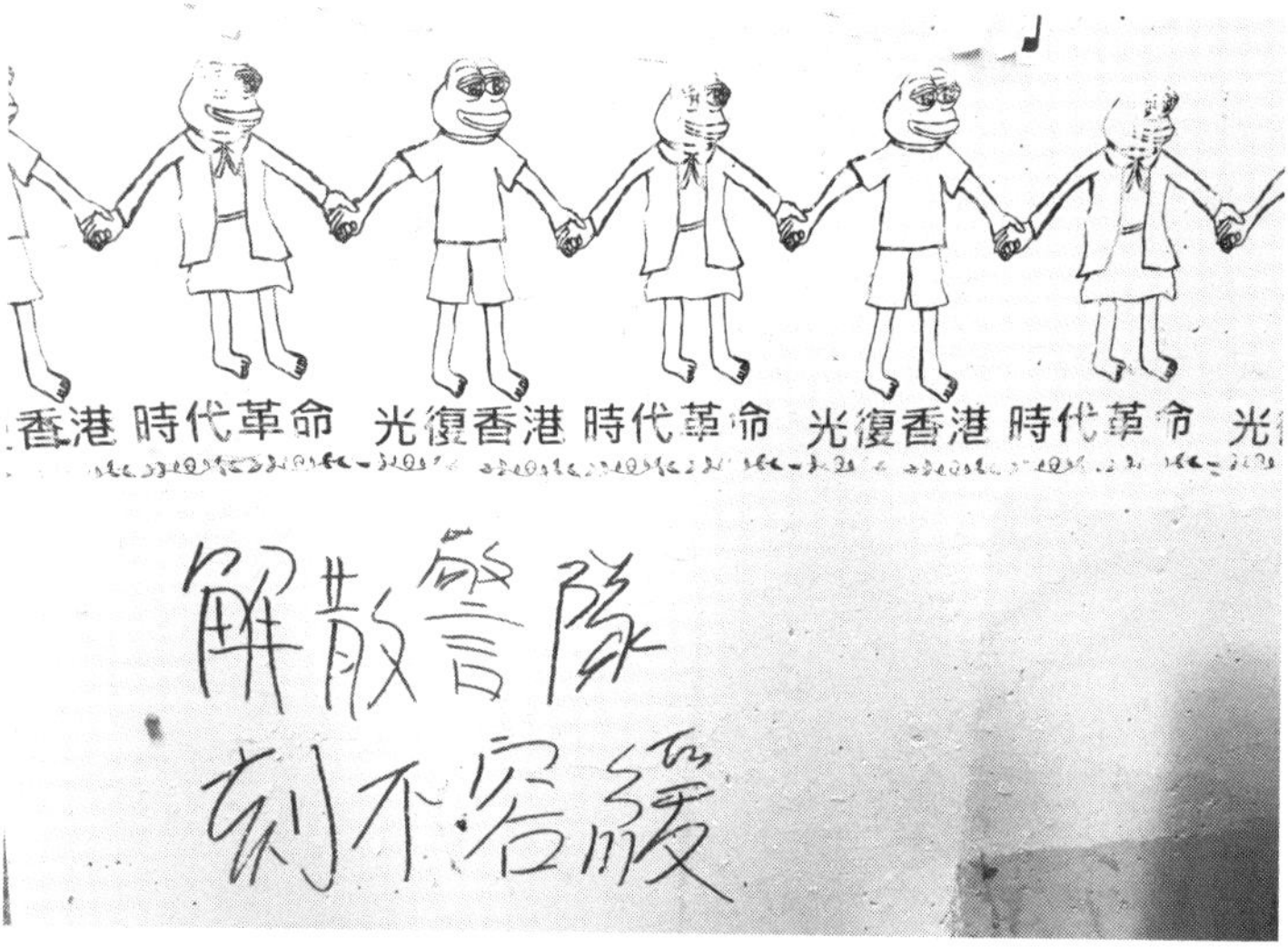
香港 時代革命 光復香港 時代革命 光復香港 時代革命 光
解散警隊
刻不容緩

6 分断される社会

「香港人」とは誰か

日本人の綾香は「香港人アイデンティティ」を芽生えさせた。しかし、綾香の弟は、香港の抗議デモにほとんど関心を示さず、デモによって公共交通機関が使えなくなるなど、不便が多いことに不満を感じているという。彼は幼少時から香港に住んでいるが、日本人学校に通学しているから、姉とは異なり、広東語も話せない。「アイデンティティ」というのは、やはり言葉や生活経験に関連していると言えるだろうか。しかし、言葉が話せなくても、香港に愛着を感じ、香港に住み続けたいと感じる人たちもいる。人はどのようにして、特定の土地に対して愛着を、帰属意識を持つようになるのか。

法的に「香港人」（香港居民）と認定され、市民権を得るためには、香港の永久居民権（永住権）を取得する必要がある。これは七年以上連続して香港に住み、納税の義務を果たすなど、香港経済に一定の貢献をすれば認められる。永住権があれば、就労ビザの更新が不要になり、転職や起業が自由にできるようになる。就労ビザで働いている時はビザスポンサーとなった雇用主への専業義務があるが、永住権保有者は兼業ができる。永住権を持つ人は不動産税においても優遇されており、不動産投資をするなら格段に有利だ。永住権保有者には立法会・区議会選挙の選挙権・被選挙権も与えられる。

しかし、永住権を持つ人も香港で永久に暮らしたいと考えているとは限らない。二〇一九年一二月の香港訪問時、私は友人に誘ってもらい、日本人の集まるパーティーに参加した。香港で四〇年以上会社を経営している人、外国人同士結婚し、香港で子どもを育てている人、駐在員として日本の企業から派遣された人、香港で採用されて企業で勤務している人、フリーで活動している人など、皆、さまざまな形で香港に暮らしているが、その多くが永住権を持っている。パーティーに参加していた会社経営者は、事務所の近くで、警察が取り締まりをしている場面に出くわしたことを、生々しく話した。

「長年香港に暮らしているけれど、自分のすぐ身近で催涙ガスの発射や銃撃戦があるとは思いもしなかった。目の前でわーっと警察が若い人も、年配の人も通りの端っこに並ばせて、ビニールバンドのようなもので手を縛っていくんだ。地下鉄の駅も破壊されて、最近修復が終わったたばかりだよ」

日本人の多くは、平和だった香港がこんな風に警察に制圧される環境になったことを複雑に感じている。一方、自分たちとはあまり関係のないところで、デモが行われ、交通が麻痺するのは迷惑だと話す人も少なくなかった。あまりにも大きな環境の変化についていけず、移住を考えている人もいた。

「こんな不安定な環境で、子どもたちを抱えて、ここに留まるべきかと悩んでいます。ヨーロッパに移住しようかとも話しているんです」

香港で生まれ育った人と結婚したり、地元の人たちとどっぷり関係を築いている日本人もいるが、多くは香港のローカル言語である広東語を解さず、交友関係も外国人や英語など外国語が話せる香港の人たちとの範囲に限られている。

私もそうだったが、香港では、買い物や交通機関でのやり取りに使う程度の簡単な広東語ができれば、日常生活にほとんど支障を感じない。開かれた都市空間の中で、さまざまな言語が話され、多様な民族や文化的背景を持つ人たちが生活しており、私が香港にいた頃は、「異質な者」と見られている感覚を持つことはほとんどなかった。日本と比べて閉塞感がなく自由に自己表現できる、と感じて香港に来る人が私の周りでも少なくなかった。

香港で生まれ育った人たちの中にも、香港の永住権を持ちながら、中国以外の他の国籍を持つ人が少なくない。イギリス植民地時代に取得したイギリス国民（海外）パスポート（BNO）の所有者は三五万人おり、未取得者のうち二六〇万人が申請の条件を満たしているという。[35]

ほかにも、カナダ、オーストラリア、アメリカなど、さまざまな国籍を持つ人もいる。香港の永住権を持つ華人（中国系住民）は中国政府と香港政府にとっては「中国籍」だが、「中国」籍と記入されている香港のパスポートをつくらない限り、外国政府にとっては二重国籍にはならないのだ。このような中流や上流階層の外国籍を持つ人たちは、「離地」（根を地元に下ろしていない）と批判されることもある。香港の永住権を持つことによって、香港における市民としての権利と義務が生じる。その結果、永住権所持者は政策や世論、選挙などに大きな影響を与えるが、彼らは香港で何かあれば、容易に他の国へ移住するかもしれないからだ。

逃亡犯条例改正案に反対するデモでは、「香港人加油！」（香港人、頑張れ！）というスローガンが頻繁に叫ばれていた。参加者の多くが大学生や高校生だったという雨傘運動と比べ、逃亡犯条例改正案には、さまざまな年齢、社会階層、職業の人たちが反対の意思を示したと言われている。改正案への抗議を表明する中で生じた、この「香港人加油」の「香港人」とは、一体誰を指し、何を意味するのか。やはり、香港の自由を脅かす「敵」としての「中国」が認識された結果として、「香港人」というアイデンティティが鮮明になっているのだろうか。

だが、香港の現実を見れば、先に述べたように、他の国にも移住できる中上流層がいる一方で、高騰する家賃や生活費の工面に日々苦しむ中下層もおり、社会階層によって人々が置かれている環境は大きく異なる。二〇二〇年四月時点の東京・元麻布の高級マンションの分譲価格を一〇〇とした場合、香港の同格物件の指数は二一三・四だという。[36] 東京の二倍以上もする香港の不動産を買うのは並大抵のことではなく、近年、賃料も上昇し続けている。そして、古くから香港に住む人たちの間の格差が大きいのに加えて、中国から移住してくる新移民にも富裕層と貧困層が存在するため、香港の経済・社会構造は複雑さを増している。

格差と貧困

香港の大卒者は学齢人口の五割以上に到達しており、大卒であっても、親世代のような所得水準の伸びや社会階層の上方移動は期待できない状況だ。*37 就職や転職で優位に立つためには、欧米留学や大学院の学歴のほか、中国大陸とのコネクションも重要になる。香港株式市場に上場する企業を時価総額で見ると、一位・テンセント（騰訊）、二位・チャイナ・モバイル、三位・HSBC（香港上海銀行・英）、四位・中国建設銀行、五位・友邦保険（香港）、六位・プルデンシャル（保険・米）、七位・中国工商銀行、八位・Glencore plc（グレンコア・鉱山開発など・スイス）、九位・中国平安保険、一〇位・中国銀行（香港）と上位一〇社は中国大陸に主要な拠点を置く企業が半数を占める。*38 二〇一九年に香港大学のキャンパスを訪れた際に、あちらこちらに企業説明会の案内が貼ってあったが、簡体字で書いてあるものが少なくないことに気づいた。香港では繁体字を使うが、簡体字で記すということは、あからさまに中国大陸系の学生を優遇するということなのだろうか。欧米の大学や大学院を卒業し、香港で就職する中国大陸の若い人が高給をもらっているという話もしばしば耳にする。

香港の五人に一人が貧困層だと言われる。高級ブランドや宝飾店が立ち並ぶショッピングモールや高級ホテル、高級マンションが華やかな光景を見せる一方で、高層ビル群の中には、「棺桶部屋」と呼ばれるほど小さなスペースで暮らす人たちもいる。約二〇万人が一〇平米未満の部屋に暮らしているというレポートもある。*39 ベッド一つ分の空間をベニヤ板で壁と床に仕切り、所持品はそこに敷いた布団の上に全て置くしかない。窓もなく、湿気がひどく、ダニが繁殖する劣悪な環境で暮らすのだ。

私は香港大学に通っていた頃、大学の宿舎をいったん引き払ってから中国でのフィールドワークに行き、香港に戻ってきた。その後、一年ほど暮らした香港島西部・西環のアパートは、向かい側のビルが手を伸ばせば届くほど近く、自分の部屋の窓から向かいの家の中がよく見えた。私の部屋の家賃は確か日本円で一ヶ月六〜七万円ぐらいだったか、ベッドを置くだけの広さの部屋で、その横の小さなスペースにコンロを配置できた。さらにその隣に、トイレとシャワーが一体化した狭小スペースがある。コンロのスペースとトイレの間には一応仕切りがあった。2DKの三分の一を区切って貸し出された私の部屋を見て、日本から遊びに来た友人は「よくこんなところで暮らしているなあ」と驚いていた。

窓から見える向かいのビルの一部屋は、三段ベッドを二組置くことしかできないスペースに六人が生活していた。香港は一年の大半が湿度も温度も高く、向かいの部屋の男たちは大抵、上半身裸で過ごしていた。私の部屋にはベッドの上にたっぷりと空間があるし、大学まで徒歩一五分で行けるので、日中はもっぱら大学の研究室で過ごしていた。書籍や日用品の大半を研究室に置いており、アパートは勉強の息抜きの休憩と就寝のために使っていたのだ。

住宅難の中の新移民

私の部屋の隣、つまり2DKの残り三分の二で暮らしていたのは新移民の親子だった。香港人と結婚したが、家庭内暴力か何かが原因で別居中なのか、離婚したのか。福建省福州から来たという母親と四歳ぐらいの男の子の二人だけで、生活保護をもらいながら暮らしていた。母親は中国では大学を出ているが、幼子を抱え特殊な事情もあるので、香港では働かないのだと言っていた。時々食事時に声をかけてくれて、一緒にご飯を食べたり、おかずを分け合ったりしたことを思い出す。

親子は息を潜めるように暮らしていた。時々ソーシャルワーカーか役所の人が部屋を訪問しても、居留守を決め込んでいた。隣の部屋の私には彼らが在宅していることがわかるが、母親には「何か聞かれても〝わかりません〟と言うように」と頼まれていた。訪問者は、生活保護の受給に関して話を聞きに来たようだった。元夫かその関係者か、誰かがドアをどんどん叩きながら長時間外で待っていたこともある。その間、二人はずっと息を潜めていた。

新移民にもさまざまなバックグラウンドの人がいる。香港に古くから住む人たちと新移民は、雇用やビジネスチャンス、生活保護などを互いに奪い合う形になっている。本書の「はじめに」

にも登場した日本語学校を経営する福ちゃんと、福ちゃんを紹介してくれた香港で日本食関連のビジネスなどを展開する永井さんは、こんな風に話していた。

福ちゃん「日本なんて、大阪や鹿児島なら、一人暮らし用に家賃三万円ぐらいの物件があるでしょう。三万円でいいなんて、日本は政策がうまくいっているからだと思い込む香港の人もいる。若い人の生活費を安く保てているからね。香港の家賃は平均二〇万円ですよ。そんな状況を、香港の人たちもどうしたらよいか理解できないでいる。新界（香港島の対岸）のほうに行くと、中国人（新移民）が多く住んでいる。幼稚園、小中学校に中国人の子どもたちが大量に入ってくるけれど、どうしようもない。不満が一気に爆発しています。香港は一日に一五〇人もの中国人の新移民を受け入れているのです。公共団地への入居では、彼らを優先することもある」

永井さん「香港は土地が少ない。山を削って開拓しています。我が家は東涌にありますが、マカオが見えます。ディズニーランドの方に橋ができて、新しい公共団地もたくさん建っている。やっぱり、優先的に入っているのは中国から来た人が多くて、小学校、中学校は学年ごとに新移民向けの割り当てがあり、香港の人たちが全然入れない。公共団地は安いのに、民間の物件の家賃は下がらないという矛盾が生じているんです」

東涌は、香港島の西隣の香港最大の島・ランタオ島にあり、香港国際空港まではバスで一五分

找換
EXCHANGE
6
HONG KONG
FINTECH WEEK 2019
Shaukeiwan
4 -8 NOV 2019
Hong Kong - Shenzhen

ほどで行ける。その東に香港ディズニーランドがある。

福ちゃん　「公共住宅に入るための所得金額の審査は、平均年収を基準とするのですが、それが厳しすぎるのです。大卒だったら、すぐに超えてしまうぐらいのラインです。中国大陸から来た人の場合、香港で所得を得ていないこともあるし、香港の年配の男性が中国から来た若い妻と子どもの枠を使って公共住宅を申請することもある。一方で、自分の家賃を払うのにも相当な苦労をしている香港の若い人たちが、月に三万円とか四万円とか、親に仕送りをしている。二〇代前半の子たちが、生活が苦しい中で、寄付をしたり、チベットの問題に関心を持ったり、一生懸命に生き方を貫いているのを見ると、どういう心境なのだろうって思います」

「一日に一五〇人受け入れる」というが、この一五〇人は中国当局が受入れ許可を出すのであって、それを香港の入国管理局が認めないわけにはいかないという。どのようなバックグラウンドの人がこの一五〇人に入っているのかもわからない。

前出の『香港と日本』の著者で、香港で生まれ育ち、現在、東京大学大学院博士課程で学んでいる銭俊華は、以下のように述べている。

「彼らはもう香港の一員であるから、香港の広東語と伝統的漢字や社会文化、および自由、法の支配などの価値観を勉強して、理解してほしい。正しい情報を得て、しっかり考えた上で投票権を使ってほしい。同時に社会福祉や教育や医療などの〝国民的〟権利を彼らに平等に与えてあげてほしい」（前掲、九〇頁）。そして「香港人はもう我慢の限界だ」として、銭はこう表明する。「香港のルール、社会規範、価値観、文化を尊重しない人々には、もう容赦しない。暴力はダメだが、自分の反感と怒りを素直に表現する」（同前）

アイデンティティ言説の政治

新移民に対するこうした姿勢が差別やヘイトスピーチだと捉えられることもあるが、銭俊華はそれを「半ば嬉しく、半ば悲しい」と感じるのだという。「嬉しい」のは、そう捉えている人が香港の主体性を認めているからこそ、中国と香港を区別し、それを差別だと感じる側面があるからだ。「悲しい」のは、多くの人が香港と中国大陸の圧倒的な力の差を無視しているからだ。中国から大量の金と人が流れ込み、香港の多くの人が重視していたものとは異なる文化、言葉、法や制度に関する考え方が浸透してきている。つまり、銭俊華曰く、「中国共産党による同化」（八七頁）が行われてしまい、それに対して多くの香港人は我慢できなくなっているところもある。

そのような文脈において、現在高まっている「香港人アイデンティティ」の意識は、やはり「対中国」という内容が色濃くなる。香港に暮らす大部分の人たちは、もともと中国から来ているわけだが、「私たちは現在の中国大陸の人たちとは違う」と感じ、「中国人」アイデンティティを遠ざけてしまう。

さらに銭俊華は同書で、香港人のアイデンティティに関して、もう一つ興味深い分析をしている。それは、日本という要素との関わりについてだ。銭俊華は、戦争の記憶としての「日本」が、香港人の中国民族意識（ナショナリズム）、さらには香港主体意識につながると主張する。香港には、日本による占領、イギリスの植民地支配、そして経済大国化した中国、という外部の力が常に働いてきた。日本は「無色の他者」や「民族の敵役」として、香港人の意識に現れたり、消えたりしている。香港アイデンティティの形成に影響を与える要素として「日本」も関わっているのは確かであろう。

日本の学校の歴史教育では大きく扱われないが、日本は第二次世界大戦中、一九四一年一二月八日の真珠湾攻撃と同時に香港攻略を始め、一八日間で香港を陥落させ、その後一九四五年の終戦まで香港で占領地行政を施行している。日本の占領下で香港経済は停滞し、日本軍は軍票を発行し、中国に流通していた軍票も一挙に流入したため、インフレーションを誘発した。軍票は戦後、紙切れと化し、強制的に両替をさせられた人たちは大きな経済的損害を受けた。

ちなみに、香港市民が日本政府に対し軍票による損失補填を求めた民事訴訟裁判（一九九三年）では、2章で紹介した何俊仁も、原告側の支援に関わっていた。東京地方裁判所は、当時の国際法（ハーグ陸戦条約）で戦争被害に関する個人の損害を補償しないという原則があり、日本国内に軍票を交換する法律が存在しないことを理由に請求を棄却している（一九九九年）。

日本食やアニメなど、日本文化を通して香港の人たちは日本に好意的だというイメージがあるが、その一方で、これまで述べてきたように、戦争体験世代は日本占領の負の記憶を持っているし、尖閣諸島（中国語では釣魚島）の返還を求める「保釣運動」も、時代ごとに活発に行われてきた。私が香港で留学生活を始めた一九九六年、日本の右翼団体・日本青年社が尖閣諸島に灯台を設置したことを端緒に「保釣支持」のデモが行われていた。香港の活動家で「全球華人保釣大連盟」の陳毓祥（デビッド・チャン）が中国の領土主権を主張しようと尖閣諸島周辺を泳ぎ、不幸にも溺れ死んだ。三万人が参加した追悼集会で、陳の棺に五星紅旗がかけられた。[*40] 今でも思い出すが、当時「日本人は出て行け」（日本人滾出去）と書かれた紙が至るところに貼られた香港大学のキャンパスで、私はタブロイド紙の取材を受け、「（悲しそうな表情の）日本からの留学生」として大きな写真が載ってしまった。

日本総領事館が入居する中環のビル「交易広場」近くの歩道橋には、今も、二〇一七年に保釣行動委員会などのメンバーが設置した韓国人、中国人、フィリピン人の慰安婦像が置かれている。同委員会は尖閣諸島の中国領有権を主張する香港の活動家で組織されている。

現在、戦争を直接経験していない若い世代を中心に形成された「本土派」（香港を「本土」としてアイデンティティを守り、中国と一線を画す立場のグループ）は、香港人共同体の再構築と政治動員の材料として戦争記憶を使っている、と銭俊華は指摘する（前掲『香港と日本』）。「本土派」の中には「香港独立」を掲げる、ある意味で、過激な政治思想を持つグループもあるが、中国人の「悲劇」「団結」「勝利」の物語に彩られた「公定民族意識」（中国共産党お墨付きの民族意識）を香港政府が導入しようとするのに対し、「本土派」は、共産党を非難し政府とは正反対の「記憶の扱い方」をしてもいる。「日本」の描き方、「日本」の存在感は両者の間でかなり異なるが、日本に関わる記憶を触媒にしてアイデンティティ形成の言説を生み出している点は共通している。

外国人家政婦たち

国際都市の香港では、さまざまな背景の人が暮らし働いている。先述の通り、連続して七年住めば永住権の申請資格が生じるのだが、その対象から外されている人たちもいる。約三八万人（二〇一九年時点、人口の約一〇％）いるといわれる外国人家政婦だ。

彼女たちは、洗濯、掃除、料理、買い物、子どもや高齢者やペットの世話まで、香港の家庭における仕事を一手に引き受けている。近年、コスト面を考慮してのことか、インドネシア人家政婦を雇う家が増えているようだが、ネイティブ並の英語が使えるフィリピン人は、子どもの教育にとってとても有利だとやはり人気だ。

外国人家政婦の支援を得て、生き生きと働くことのできる香港の女性たちをうらやましく思う日本人女性は少なくない。しかし私は、休みの日などに、香港の夫婦の後を外国人家政婦が子どもを抱っこして歩いているのを見ると、「親子の大切な時間なのに、どうして家政婦に子どもを抱かせるのだろう」と感じることもあった。留学時代の私の先生や友人など、経済的に余裕のある人たちの家では、長年にわたって働く家政婦と家族の一員のように良好な関係を築いていたが、虐待されたり、劣悪な環境で働かされたりしている外国人家政婦もいる。

香港ではお馴染みの光景となっているが、日曜日、中環や金鐘（アドミラルティ）などのビルの空きスペースは、家政婦たちのグループでぎっしり埋まっている。レジャーシートを敷き、作ってきたお弁当を食べたり、歌を歌ったり、ダンスをしたりしている家政婦たちの姿が目に入る。香港中文大学の研究所は二〇一七年、外国人家政婦が休みを取って外出する日曜日に、こうした家政婦たちが集まる場所で、約二〇〇〇人に対してアンケート調査を実施した。調査結果によると、彼女たちの平均月収は四二七七香港ドルで、当時の最低賃金四三一〇ドルに満たなかった。住み込みの場合、勤務と休息の時間に区別がつきにくいこともあり、長時間労働が常態化していた。二六・五％が九〜一二時間、六一・七％が一三〜一六時間、八・九％が一六時間以上働いていた。ストレスに起因する高血圧など持病のある人も多く、二〇一六年には香港で働く外国人家政婦のうち一二〇人が亡くなった。自分の部屋があるのは四三％、個室をもらっておらず、台所や浴室の一角で眠っている人もいる。四分の一が学歴は大卒だった。

虐待されたという人も四％いた。リスクがあると感じても言わない場合があり、研究者は実際にはもっと多いと推測している。香港では近年、深刻な虐待事件が相次いでいる。スリスティヤニンシ（当時二三歳）は、一〇代の娘二人の母である雇用主に、掃除機の先を口に押し込まれたり、ハンガーなどで顔や頭、足を執拗に殴られたり、日常的な肉体的、身体的虐待を受けた。彼女は不当な扱いや虐待に対して訴えを起こし、人道的扱いを求める運動を開始し、その勇気と行動を讃えられ、「世界で最も影響力のある一〇〇人」（米・タイム誌）に選ばれた。*41

外国人家政婦は香港の経済と家庭を支えてきたが、彼女たちは永住権を申請することができない。一九八六年から香港で家政婦として働いているフィリピン人のエバンジェリン・バオナ・パレオスは、これは不当だと考え、裁判を起こした。二〇一一年、高等法院（高裁）は外国人家政婦の永住権獲得を禁止する法律は香港の憲法にあたる特別行政区基本法に違反すると判断し、パレオスには永住権取得を請求する権利があるとの判決を下した。だが、香港の一層の人口過密化を懸念する香港当局は上告した。

二〇一三年三月二五日、香港終審法院（最高裁）は外国人家政婦の永住権取得を認めない判決を下した。「外国人の家庭内労働者は契約完了時に母国に帰国する義務があり、当初から香港に来るのは永住目的ではなく、扶養家族を香港に連れてくることもできないとの条件で入国を認められている」というのが理由だった。香港当局は当初、このケースについて中国政府の助言を求めることを提案していたが、これに対して「司法の独立性を脅かすのか」と批判する世論が高まった。最終的に、終審法院は中国政府に判断を仰ぐ必要はないとの見方を示したが、判決は家政婦に対する不公正な待遇、社会からの排除に司法のお墨付きを与えるものとなった。

二〇二〇年七月現在、新型コロナウィルスに関して給付された生活補助一万香港ドル（約一四万円）も、外国人家政婦は受け取れず、給付対象は永住権保持者に限定されている。

「民主はないが自由はある」

「民主はないが、自由はある」というのが香港政治の特徴だと言われてきた。日本における香港研究の第一人者である倉田徹は、香港は「権威主義的な国家の体制と自由で自律的な市民社会の共存」、言い換えれば「〝中国式〟の政治と〝欧米型〟の社会が併存」し、「習近平個人独裁の色合いを強めている巨大なピラミッド型の中国政府組織の下に、行政長官を長とする香港政府は組み込まれている」が、一方、「市民社会は多元的で、このピラミッドとは接続していない」と説明する[*42]。

政治と社会が乖離する香港の特徴は、「一国二制度」だからこそ見られるものでもあるが、実は返還前の香港は、現在以上に強力な植民地支配の独裁体制だった。その下に世界一自由なビジネス空間が存在していた。つまり、民主はなくとも政治の干渉が少ない環境下で、社会は自律性と主体性を保ってきた。しかし、返還に向けた過渡期に、イギリスは香港の民主化を進め始めた。返還後は経済の「中港融合」が進められ、香港が「国家の安全」への脅威とならないように、中国政府は香港社会に介入するようになった。これに対して香港社会は反発し、「中港矛盾」が生じたのだ。

香港は貧困層が人口の五分の一を占めるというのに、毎日一五〇人もの中国からの移民を受け入れている。人々は、より良い職業や社会保障を求めて新移民とパイを取り合う。人口の一〇%

を占める外国人家政婦は香港社会に多大な貢献をしているが、彼女たちには永住権を申請する権利さえない。既得権益層の間で利益が循環し、弱者は貧しく、弱くなるばかりという構造に切り込まなければ香港は変わらない。しかし、変化が見えるのは中国からの投資・不動産取引の増加や人間の流入で、それにより社会の分断はますます先鋭化している。そして今度は、自由が失われることへの恐怖が既得権益層にも広がってきている。

構造を変えるためには、もう一歩踏み込まなければならず、そこではやはり政治の力が必要だ。民主主義が社会変革のために重要な役割を果たすのだ。民主主義は単なる多数決ではない。多数派や力を持つ集団が、少数派や弱い立場の人たちの権利と自由を一方的に奪ってしまわないように、民族の背景、宗教上の信念、地理的要因、所得水準によって不利な立場にいる人たちが、より弱い立場に追い込まれることのないように、民主主義の制度構築と実践に取り組む必要がある。

しかし、未成熟な民主主義の下で、声の小さい人たちや、声を上げたくても上げられない人たちの声はすくい上げられず、虐げられ、抑圧され、理性で感情を抑さえ込むことができなくなった社会的弱者は、どうしようもなく溜め込んでしまった負のエネルギーを爆発させ、運動を過激化させる。

二〇一九年一一月、香港中文大学でデモ隊がバリケードを築いて籠城した際、最後の最後までキャンパス内に残っていた日本人留学生・良太（仮名）は、交通を遮断したり、道路のブロックを破壊したりしているデモ隊が、そうした行為を批判した人たちと対立し、現場が混迷を極めていく様子にショックを受けた。しかしその後、それまで自分が描いていた「倫理的な正しさ」で全てを判断してはならない、という考えに至ったと述べた。

「マイナスもあるけど全体として効用があればいいのだと（自分は考えを変えた）。デモの目的に向かうのであれば、矛盾も受け入れる。もし、自分たちが損をするのなら、目標から遠ざかるなら、それは受け入れない。自分の命を守ることができるか、あるいは暴力の行使が自分たちの目標に対して有効性を発揮しているのかを、彼らはよく考えている。よく考えなければ、自分たちが損をするから」

何を善とし、悪とするのか。何が譲れない基準なのか。さまざまな活動をしているうちに、判断基準が変わることもあるだろう。勇武派（暴力をも辞さないグループ）と和理非（平和、理性的、非暴力を貫くグループ）は、実はそんなにくっきりと分けられるものではない。もちろん、犯罪行為が法によって処罰されるべきであることは明確だが、変化をもたらそうという社会運動のプロセスとして捉えれば、「これは白で、これは黒」と審判的なラベリングはできないはずだ。誰もが悩みながら、前に進んだり、後ろに退いたりしている。しかし、権力側は容赦無く「暴徒」というラベルを貼り付ける。抑圧されてきた人たちの声を聞こうともせず。異なるグループ同士の対話を促進しようともせず。事故や事件の十分な検証も行わず。そして警察など自らの陣営のみを積極的に擁護する。

天安門事件の「暴徒」

今から約三一年前の一九八九年六月、中国大陸では一〇〇万人をくだらない非武装の「暴徒」が、完全武装した軍人と対峙した。戦車と装甲車が先導してバリケードにぶつかると、そのまま人々を押しつぶしていった。人々は刈り取られる雑草のようにバタバタと地に倒れた。機銃が掃射されると、辺り一面には銃声と血が広がった。

逮捕された「暴徒」には、運動と全く関係なく、ただの通りすがりの人もいた。真摯な愛国心から闘争に加わった者は、多大な犠牲を払った。逮捕され、拷問され、投獄され、そして、労働改造所で労働を強制された。出所してからも、結婚生活は破綻し、キャリアを失い、拷問や長い監獄での生活が原因で性機能に障害を抱える者もいた。車を焼いた「暴徒」は銃殺刑に処され、重大な知的障害があるとして減刑された者は、出所後しばらくして、北京五輪の強制立ち退きで帰る場所がなくなり、街のホームレスになった。

兵士に糧食を届ける車を奪い、飢えている学生と市民に食べ物を分け与えた者は、車が空になったと思い、車の隅っこにニワトリの丸焼きが一つ残っているのに気づかなかった。自分のために食べ物を取っておくことなど全く考えてもいなかったというのに。このニワトリの丸焼きは起訴状に登場し、彼は懲役一三年の判決を受けた。「あのニワトリの丸焼きは高くついた！」と、ユーモアたっぷりに振り返るまで、彼はどれだけの苦労をしてきただろうか。

労働者や地方出身者が独自に結成した黒豹決死隊で、デモの秩序維持やパトロール、学生や解放軍兵士の慰問を行っていた若者は、銃弾が飛び交うなか逃げ延びたが、誕生日に逮捕された。監獄では凄まじい拷問を受け、出所してからも自宅が立ち退きに遭い、その上、銀行口座が抹消されていたため、立ち退きの補償金ももらえないという不当な扱いを受けた。

――これら「暴徒」は廖亦武（リャオ・イーウー）の『銃弾とアヘン』[*43]に登場する人たちだ。天安門事件に関わった、あるいは巻き込まれたのは、学生や知識人などのエリートだけでなく、こうした無名の何十万もの平凡な市民たちでもあった。天安門事件については、数多くの記録や研究が発表されているが、「暴徒」のオーラルヒストリーを描いたものは最近までほとんど見られなかった。『銃弾とアヘン』の「銃弾」は天安門事件の弾圧を、「アヘン」は、金儲けに走る人々の脱政治化＝奴隷化をたとえている。

六月四日の夜、作者の廖亦武は四川省にいた。北京から来ていたカナダ人ジャーナリストと夜通し短波ラジオでBBCなどを聞き、天安門広場やその周辺の音が皮膚に染み込んでいったという。その時に感じたことをもとに廖亦武が創作した長詩『大虐殺』は、全国各地で評判となり、詩の録音テープが地下で取り引きされるようになった。廖亦武は逮捕され、懲役四年の身となった。獄中で数々の暴行を受け、自殺を図るなど苦しんだが、八四歳の受刑者で秘密結社の頭目だった僧侶から簫を習い、絶望の淵から救われたという。

二〇一一年、すでに五〇歳を超えていた廖亦武は、闇組織の口利きで、中国とベトナムの国境を越えた。四〇〇〇元のデポジットを払い、国境を越えることができたら四万元を払うことになっていたという。何度も出国を阻止され、海外に行くルートがなかった廖亦武は、危うい船に飛び乗った。

現在ドイツに在住し、執筆、詩の朗読、講演などの活動を続けている廖亦武だが、二〇一九年六月九日、東京大学で開催したシンポジウムでこう話した。

「（服役中に簫を教えてくれた僧侶が）自由は自分の内心から得るものだということを教えてくれた。自分が入っていたのは壁に囲まれた小さな監獄だった。しかし、監獄の外にも、壁のない大きな監獄がある。自由は探し当てられるものではない。自分で壁をドンドンこえていく、そのプロセスが自由なのだ」

監獄には自由がない。しかし、監獄の外も決して無条件に自由が保障されているわけではない。自由とは、自らがどうありたいのかを、他者との関係を調整しながら模索し、決断していくプロセスだ。その主体的な行為を否定されるのなら、壁はなくとも監獄に入っているのと同じことになる。だが、自分が壁のない監獄に入っているとは気づかない人もいる。いや、壁がある方が安心できるのか。自ら進むべき道を切り開くのは、ある意味とても苦しいことだ。だが、自分を見つめる中で得られるものこそが、人間として、生きているということを実感させてくれるのではないか。

「暴徒」と呼ぶのは、彼らを人とみなしていないからだろう。暴力で欲望を満たそうとする、血の通わない、得体の知れない存在こそが「暴徒」だ。しかし、時が過ぎれば、「暴徒」とされていた人たちが「英雄」になることさえある。歴史が再評価されれば、「正義」に対する見方が変わる。天安門事件を「動乱」と捉える中国政府の見方は、現在も変わっていない。一方、中国政府は一九八一年、文化大革命を「毛沢東が誤って発動し、反革命集団に利用され、党、国家や各族人民に重大な災難をもたらした内乱である」として、完全な誤りだったと公式に認めた。

だが、二〇一八年三月から使用を開始した中学二年生向けの教科書「中国歴史」(人民教育出版社)からは、「〝文化大革命〟の一〇年」という小見出しで立てていた項目がなくなり、他の項目に吸収された。

今後、中国と香港の教科書には、香港の「暴徒」に関する項目が出現することはあるのだろうか。自由を求め、壁を乗り越えようともがいていた「暴徒」の感情や思考には愛と苦悩が満ち溢れている。中国と香港。時代を超えて浮かび上がる「暴徒」というラベルは、いったい誰がどのように貼っていくのか。

7　つながっていたい

ある家族のホームステイ

新型コロナウイルスの感染拡大で、世界中の人々が不安に怯える毎日を過ごしている中、東京の我が家ではウイルス以外にも緊張要因を抱えていた。ちょうど同時期に、中国から逃れて日本に入国した家族をホームステイさせていたからだ。

二〇一〇年代前半に憲政の実現や教育の平等を訴える「新公民運動」のリーダーだった許志永（シー・チーヨン）らは、二〇一九年一二月に福建省アモイ市で時政を論じる会合を開いた。同月下旬、そこに参加していた人権派弁護士や活動家らが相次いで拘束され、許志水も二月に「居住監視」（被疑者を秘密の場所に拘束すること）の扱いとなり、六月二〇日に正式に逮捕された。二〇一四年に公共秩序騒乱罪で懲役四年の実刑判決が確定し、すでに服役している。出所してからは表立って活動していなかったが、今回、少人数で会合を開いただけで、コロナ禍で混乱が続く最中に再び逮捕された。社会運動の動きが生じる前に芽を摘むということなのだろうか。我が家が受け入れたのは、このアモイの会議に出ていた人権派弁護士の妻と二人の子どもだ。夫は捕まるのを恐れ、ある地域に潜伏していた。

親子はたまたま、マルチビザで日本と中国を行き来する弁護士一家と日本に旅行に来る予定を立てており、日本の短期滞在ビザを持っていた。夫が捜査対象となれば家族にも圧力がかかるからその前に中国を離れた方がよい、とのアドバイスを受け、急遽日本へ出国したのだという。弁護士の妻は「アメリカに支援者がいるとは聞いたが、詳しい事情はよくわからないまま、とりあえず荷物をまとめ、迎えに来た車で空港に向かった」と話していた。

親子は来日当初は民泊に泊まっていたが、長くは滞在できず、支援者を頼って秋田県へ移った。支援者は廃工場を買い取って次のビジネスを準備中だったので、その工場の厨房の奥にある小さな部屋を、親子に無料で貸し出した。中国の友人から、その親子の様子を気にかけて欲しいと頼まれていた私は、今年一月中旬、そこを訪れた。雪がしんしんと降る中、部屋の暖房は壊れており、家族三人は一セットの布団にくるまって暖を取っていた。

弁護士の妻は海外への持ち出し制限内の現金を持っていたが、それでいつまで暮らしていけるのか。中国の口座が凍結されれば、貯金も引き出せなくなる。第三国に出国するまでなるべく節約したほうがいい、と私はアドバイスした。とは言え、冬の秋田の、暖房もない小さな部屋で暮らすのは過酷だ。子どもたちが長期間にわたって学校に行けないということも気になった——我が家はこれまで、日本で学ぶ中国の貧困家庭の子どもや人権派弁護士の子弟をホームステイさせてきた経験がある。親子三人となると窮屈だが、家族と相談し、受け入れることにした。

出国先として最も可能性の高いのはアメリカ、その次はドイツか。支援者といっても、片手で数えるぐらいしかいないが、弁護士の妻は携帯のアプリで彼らとやり取りを続けていた。本当に第三国に行けるのか、ビザの有効期限が来ても中国に戻らせるわけにはいかないだろう。かといって、日本で不法滞在させるわけにもいかない。我が家がこうした状況の家族を受け入れたのは初めてで、わからないことだらけだった。香港や台湾の人権団体の友人や、難民支援の経験のある人らにアドバイスをもらい、必死で情報を集めた。役所に事情を説明し、子どもたちは息子と同じ公立小学校に受け入れてもらった。私の大学の教え子らが交代で小学校に通い、日本語がわからない子どものために、通訳ボランティアを務めてくれた。地元の剣道教室の先生は、手取り足取り、子どもに稽古をつけてくれた。だが、やがて、新型コロナウイルスの影響が日本にも及び、学校も剣道教室も休止になり、一部の国への渡航制限がかかり始めた。二ヶ月近く経ち、狭い我が家で二家族六人が譲り合って暮らすのにも限界が来ていた。

結局親子は、紆余曲折はあったものの、アメリカのキリスト教団体の支援を通じてビザを手に入れ、三月一六日、入国制限がかかる直前にアメリカに入った。まさに「ギリギリセーフ」というタイミングだった。

私はこれまで、中国の政治社会変動を研究する過程で出会った多くの弁護士や市民団体のメンバーが拘禁され、逮捕され、学者やジャーナリストが出版や発言の機会を奪われたり、解雇されたりするのを目の当たりにしてきた。なかには、「騒動挑発罪」「国家政権転覆罪」「国家政権転覆塌動罪」といった罪状で有罪判決を受けた者もいる。

日本は、難民などの受け入れに関して、他の先進諸国と比べて大幅に条件が劣っている。人権団体を運営しているわけでもない私が、こうした人たちを支援するには限界がある。ただ、一人の人間として、人道的立場からやるべきこと、できることをするしかなかった。

しかし、中国で犯罪者とされる可能性のある人たちやその家族を助けるのだから、中国政府は私のことを「海外敵対勢力」と見るのかもしれない。

「国家安全」の名の下に

親子をアメリカに送り出して二ヶ月以上経った五月二八日、中国の全国人民代表大会（全人代）が国家分裂や中央政府転覆を企図する反体制的言動を禁じる「国家安全維持法」を香港に導入する方針を圧倒的多数で可決した。この突然のニュースには、私たち研究者はもちろん驚いたが、何よりも香港の人たちにとって青天の霹靂であったに違いない。それから一ヶ月後、国家安全維持法が公布、施行され、香港の情勢は一変した。

香港の「基本法」には「将来的には、特別行政区行政長官選挙（間接選挙）を普通選挙に移行できる」といった香港の民主化を期待する条項（付属文書）がある一方、香港における反体制活動を取り締まるための条文（二三条）もあり、これを具体的に実施するための法令（国家安全条例）の制定も義務付けている。ただ、国家安全条例の法案が二〇〇三年に立法会に提出された際には、五〇万人以上の市民がデモに参加し、廃案に追い込まれた。

今回全人代は、香港の立法会での議論を迂回し、基本法一八条の付属文書三に追加する形で国家安全維持法を施行した。付属文書三には、中国の法律（国法）のうち香港で実施されるものが列挙されているが、これまでに付属文書三に列挙されていたのは、国旗、国章、祝日、国籍に関する法律である。一八条では「外交と防衛に関するものを除き、国法は香港には適用されない」と定めている。香港の自治の範囲に属する事項は、付属文書三に追加できないはずである。

基本法の解釈権は全人代常務委員会にあるものの、国家安全維持法をこのような形で通そうというのは、基本法一八条と二三条の拡大解釈ではないのか。さらに、こうしたやり方は、香港の民主的諸制度と「高度な自治」の維持を明記した国際公約「中英共同宣言」（一九八四年に締結）にも違反する。だが、中国はこの無茶なやり方を強行した。

その上、六月三〇日午後一一時（日本時間七月一日午前〇時）の公布まで、法律の全容は明らかにされず、即日施行という異例の対応を取った。発表された条文によると、香港政府の行政長官をトップとする「国家安全維持委員会」が設立され、中国政府が同委員会に顧問を派遣する。中国政府が香港に出先機関「国家安全維持公署」を設け、国家安全に関する情報の収集や分析、国家安全を脅かす犯罪事件の処理を担う。犯罪と規定されるのは、国家の分裂、中央政府の転覆、テロ行為、外国勢力との結託の四つだ。扇動、教唆、ほう助なども幅広く処罰され、外国人も対象になる。重大な事態に限っては、国家安全維持公署が中国の刑事訴訟法に基づき、強制捜査を含む管轄権を行使し、裁判など一連の刑事手続きを中国側が主導する。国家安全関連の裁判を担う裁判官は香港行政長官が指名するが、一年の任期内に万が一、裁判官が国家安全を侵害するような言動をしたならば、直ちに国家安全担当裁判官の資格を剥奪する、という。

香港は大陸法を採用する中国とは異なり、コモンロー（英米法）をイギリス統治時代に採用しているが、香港の他の法律と矛盾する場合は国家安全維持法が優先されるという。法の公布から一週間後の七月七日、私も参加した中国の人権問題に関するオンラインセミナーで、登壇者の一人、香港の著名な法廷弁護士の張耀良は「香港が築いてきたコモンローの体系に突然、大きな穴が開けられたかのようだ」と悲嘆の声を上げた。

このセミナーには、二〇一五年の弁護士や活動家への一斉弾圧「七〇九事件」を振り返るという目的もあり、「中国の人権派弁護士に関心を寄せる会」（China Human Rights Lawyers Concern Group）の理事などとして中国の人権派弁護士やその家族を支援してきた何俊仁も発言した。何俊仁は、国家安全維持法の施行によって「香港でも七〇九事件が起こるかもしれない」と危機感をあらわにしていた。

この異例ずくめの法の執行は、香港が中国の治安維持体制に事実上、組み込まれることを意味する。中国の「国家安全法」（二〇一五年七月一日公布）は、国内外の政治経済の安定、安全保障について包括的に定めている。偵察やスパイに対する取締りを担う国家安全部の職務を規定した法律として「反スパイ法」があるが、それは二〇一四年に旧「国家安全法」を廃止し、その内容を引き継ぐ形で成立した。現在の国家安全法は、国家が担う「安全」確保の任務を、政治体制の安定性と国家の統一性、領土と海洋・空域における主権、経済システム、金融、エネルギーとその輸送ルート、食糧、文化・イデオロギー、科学技術、インターネット、各民族の団結、宗教の名を騙る違法活動、テロリズム、社会治安の安定、生態環境、原子力、宇宙空間、国際海底と北極・南極の領域において定めている。

国家の安全を脅かすという容疑がかけられた場合、刑事訴訟法の規定などによって捜査、拘禁、逮捕が行われる。刑事訴訟法は「居住監視」を規定しており、逮捕の十分な証拠を得られていない人物に対して、外部との接触を断つため、拘禁を行うことが可能である。逮捕の理由や留置の場所は通常、二四時間以内に被疑者の家族または所属する組織に通知しなければならないが、捜査に妨げがある、あるいは通知の方法がない場合には、その限りではない。例えば、国家の安全や安定に危害を加える可能性があると認定すれば、親族にも居場所を伝えることなく被疑者を拘束できる。また、被疑者を拘禁した後の捜査のための身柄拘束期間は二ヶ月を超えてはならないが、内容が複雑な事件については延長を申請でき、「特に重大で複雑な事件」については全人代常務委員会の了承を得て、起訴を先送りできる。

このように、中国では「国家安全」の名の下に、基本的人権を侵害する行為が広く行われている。二〇一八年一月、憲法の改正など政治改革を求める公開書簡を発表した後、身柄を拘束された余文生弁護士の妻・許艶は、二〇二〇年六月一七日、突然、江蘇省徐州市検察院の電話を受け、夫の裁判が昨年五月に秘密裏に行われ、同市の裁判所が国家政権転覆扇動罪で懲役四年、政治権利剥奪三年の有罪判決を下していたことを知った。私が中国を訪れたのは二〇一九年三月が最後だが、この時は、許艶が徐州の看守所（ここに夫が拘禁されていると見られていた）を訪問するのに付き添った。彼女は二年半にわたり、法律をていねいに調べ、関係機関をまわって問い合わせ、弁護士とともに夫を不当に扱わないよう訴え続けていた。しかし、彼女が死に物狂いで活動する一方で、余文生弁護士には早々と有罪判決が下されていた。許艶は検察院の電話を受けた日、支援者が作るＳＮＳのグループに泣きながらメッセージを録音し、投稿した。「夫はまだ無罪を主張して上訴しようとしているわ！」と。

削除、解散、解雇、亡命

香港で抗議デモの拠点となっているビクトリア公園を見渡せるメトロパークホテル銅鑼湾には二〇二〇年七月八日、中央政府が香港に新設した治安監督機関「国家安全維持公署」の看板が高々と掲げられ、中国の国旗がはためいた。国家安全維持法は、国家安全維持公署とその職員の職務行為に関して、香港側の管轄権は及ばないと規定し、職務中は香港当局の捜査や拘束を受けないとも記している。つまり、国家安全維持公署には超法規的とも言える特別な地位が与えられた。

国家安全維持法が香港で施行され、学校、メディア、インターネットにも影響が出始めている。教育局は、学校に国家安全維持法に違反する可能性のある教材や書籍の撤去を命じ、「香港に栄光あれ」を学校で歌うことを禁じた。人々は次々とソーシャルメディアの投稿を削除し始めた。「国家安全」を脅かした証拠として採用されかねないからだ。国家安全を危険に晒すと判断されたインターネット上のメッセージは、警察が削除、規制、受信停止を要求し、プロバイダーに個人情報を要求することもできるようになった。七月一日に行われたデモでは、市民一〇人が国家安全維持法違反容疑で逮捕された。「光復香港、時代革命」（香港を取り戻せ、時代革命だ）の旗を掲げたオートバイに乗って警官隊に突入したそのうちの一人は、国家分裂を扇動し、テロ活動を行ったという罪状で同法違反者として訴追された。香港政府は七月二日「光復香港、時代革命」のスローガンには香港独立の意味が含まれると断定し、国家安全維持法に違反するとの見方を示した。

欧米に支援を求める民主派の活動は、外国との結託とみなされる可能性が高い。黄之鋒や周庭は、所属していた「デモシスト」を脱退し、「デモシスト」は解散に追い込まれた。他の同様の政治団体も解散や活動停止を宣言し、メンバーの一部は香港を離れた。羅冠聰は「予測できない危険に晒されている」と述べ、イギリスに渡った。二〇一九年、中国当局に拘束されたイギリスの元香港総領事館職員の鄭文傑（サイモン・チェン）もイギリスに亡命したが、彼によると、民主派が海外での「亡命議会」創設を検討し始めたという。

七月二八日には、香港大学法学部副教授だった戴耀廷（ベニー・タイ）が大学から解雇処分にされた。私は二〇一九年一二月の香港滞在時、香港大学のビクトリア湾が一望できるビルの最上階にある教員用ラウンジで、朝食をご馳走になりながら戴耀廷に話を聞いた。この頃デモ活動の現場にもなっていた香港大学のキャンパスは封鎖中で、入口には大柄の黒人男性が四～五人立って、入校者を確認していた。デモ参加者による破壊の跡が依然そここに残っており、ラウンジに上がるエスカレーターもほとんどが使えず、私たちはやっと見つけた一基で最上階まで上がった。

戴耀廷は、二〇一九年四月、雨傘運動で参加者を扇動した罪などで懲役一年四ヶ月の実刑判決を受け、同年八月に仮釈放されていた。彼は「大学から給料も出ていないし、パスポートを没収され、出国制限を受けている」と顔を曇らせたが、楽観的な様子も見せ、「中国大陸に変化を生じさせるには、台湾と香港の役割が重要だ。将来は、中華社会を連邦制のような形でゆるやかに統治することも視野に、考えるべきだ」と私に話した。

戴耀廷は大学に解雇される可能性を考えていないわけではなかっただろうが、国家安全維持法がこのような形で施行され、そのすぐ後に解雇の現実が突きつけられるとは予想していなかったのではないか。香港大学では、五〇名程度の教員と学生(現在三名)で組織される教務委員会(Senate)が最も上位の学術組織として存在するが、教務委員会の上に校務委員会(Council)が置かれており、今回、教務委員会での議論に反する形で校務委員会が一八対二の賛成多数で戴耀廷の解雇を決定したという。校務委員会のメンバーの比率は外部メンバー一二、大学教員と学生が一と規定されており、外部メンバーの意見が反映されやすい構成になっている。

戴耀廷解雇のニュースは香港の学術界に大きな衝撃を与えた。今後、教職員や学生の自己検閲は一層進み、論争のあるテーマについて自由に発言できなくなるだろう。ソーシャルメディアには「香港の学問の自由は終わった」といったコメントが相次いだ。一方、中央人民政府駐香港特区連絡弁公室(中連弁)は、戴耀廷が「香港独立」分離主義の言論を公然と発表し、「違法行為によって正義を達成する」などの歪曲した論理を鼓吹したと批判し、「香港大学校務委員会が厳格な規範のプロセスを経て戴氏を教壇から下ろし、キャンパスから追放したことは、大学の正常な教学秩序と教学環境の浄化、香港社会全体の利益に対して責任を果たした」と評価した。

七月二九日には、香港警察がソーシャルメディア上で国家分裂を唱えたとして、独立派団体メンバーの一六～二一歳の男性三人、女性一人を国家安全維持法違反の疑いで逮捕した。この中には、政治団体「学生動源」の元代表・鍾翰林（トニー・チョン）らが含まれているという。同団体は国家安全維持法の導入を理由に香港での活動を停止すると発表しているが、ソーシャルメディアのページは削除していなかった。香港警察に新たに設置された国家安全課の李桂華報道官は二九日の記者会見で、同団体が「香港独立を掲げる新党の設立についてソーシャルメディアに投稿した」と説明し、サイバー空間における犯罪も責任を問われると強調した。四人は国家分裂について定めた国家安全維持法の二〇条と二一条に基づいて取り調べを受けているが、同法によると、重大な性質の国家分裂行為に及んだと認定されれば、一〇年以上の懲役または終身刑に処される可能性がある。比較的軽い性質の違反行為については、三年以上一〇年以下の懲役と規定されている。

恐怖とどう向き合うのか

そして、七月三〇日には、九月六日に予定されていた立法会選挙の立候補をめぐり、四人の現職議員を含む候補者一二人の立候補を禁止した、と選挙管理当局が発表した。中国政府に対する対抗姿勢を明確にしている黄之鋒ら「抗争派」の候補だけでなく、比較的穏健な民主派の候補も含まれている。なんと、立候補を認めるかどうかを判断するために、民主派の候補に「香港の独立を主張するか」、「香港情勢をめぐって中国に制裁を加えるよう外国に働きかける考えがあるか」、「立法会で過半数の議席を獲得した場合、政府が提出する議案を否決するか」、「外国政府に対して、香港政府の幹部らに制裁を加えるよう求めるか」といった問いの書かれた質問書が送付されたという。[*44] 政府に楯突くなら立候補はできない、ということなら、何のために議会があるのか。議論する必要などなくなるのではないか。

民主派は返還後初の過半数（七〇議席のうち三六以上）を目指し、七月一一～一二日には候補者を絞り込むための予備選挙を実施し、予想を大幅に上回る六〇万人を超える人が投票していた。戴耀廷とともに予備選実施に関わった區諾軒は、「立法会議員選にもっと民主派候補が出馬すべきだと世界に告げようと、香港人が奇跡を起こした」と述べた。しかし、七月一五日には、區諾軒は予備選運営からの撤退を表明した。中国国務院香港マカオ事務弁公室や中国政府の出先機関・香港連絡弁公室が「予備選は国家安全維持法に違反している」と声明を出しており、區諾軒はその摘発対象になることを恐れたのだろう。

そして七月三一日、新型コロナウイルスの感染拡大を理由に、立法会選挙を一年延期することが発表された。その日の夜遅く、香港警察がイギリスやアメリカなどへ逃れた羅冠聰、鄭文傑、朱牧民ら民主活動家六人について、国家安全維持法に違反した疑いで指名手配した、というニュースが流れてきた。最後に香港を訪れたのは二〇一九年一一月だという朱牧民は、アメリカに本拠地を置く香港民主委員会を運営しており、父は戴耀廷らとともに「オキュパイ・セントラル」（セントラルを占拠せよ）[45]を提唱した、キリスト教バプティスト派牧師・朱耀明だ。[46]

ロンドンにいると明かした羅冠聰のFacebookの投稿を見て、私は思わず涙が出てしまった。

「私の罪が一体何なのかわからないし、そんなことは重要だとは思わない。おそらく私は香港を愛しすぎているのです」

「香港を去り亡命した時から準備はできていましたが、現実が目の前に来た時、私は戸惑い、無力で、恐怖を感じました。国家という装置の前で、恐怖を完全に取り去ることなどできるでしょうか。しかし、恐怖にどのように対応するかを選択することはできます。私は行動することを選択します。私は、香港は民主主義と自治を有すべきであり、外国は中国と香港で人権を侵害した政府の役人に制裁を科すべきであり、国際社会は新疆の強制収容所と香港の自治の崩壊に積極的に対応すべきだと主張してきました。私が指名手配リストに載っているとしても、これらの取り組みは変わりません」（いずれも二〇二〇年八月一日）

二〇二〇年五月二七日に東京大学の現代中国拠点がオンラインセミナー「コロナ後の香港に民主化の光は見えるか」を開催した。私はこのセミナーを企画し、当日の司会を担当した。この時はまだ国家安全維持法は施行されておらず、条文も明らかになっていなかった。香港から區諾軒、周庭、区議会議員の葉錦龍（サム・イップ）が参加し、日本からは、香港や中国で駐在経験があり、精力的に香港の動きを取材してきたＴＢＳ「報道特集」のキャスター・日下部正樹、立教大学教授の倉田徹が登壇した。

周庭は国家安全維持法の施行に怯える心境をこのように話していた。

「私たちは命をかけて闘っています。将来には不安しかありません。来年私は生きているのでしょうか。人権、民主主義、自由を空気のように思っていてよいのでしょうか。なくなるとわかるのです。その価値が」

倉田徹はオンラインセミナーで、香港には、（一）立法会議員選挙（香港民主派の武器）香港政府の麻痺による体制崩壊の危機、（二）香港版国家安全法制定（北京の武器）香港の自由・人権の喪失の危機、（三）アメリカの香港・人権民主主義法報告（アメリカの武器）制裁による香港・中国経済、東アジア国際関係の危機という三つのリスクがあると述べた。（一）は（二）によってほぼ制圧された状態にある。今後注目されるのは、主に（三）であろうか。倉田は五月二七日の時点で、国家安全維持法が穏健な内容であれば、①妥協シナリオ（アメリカが制裁を回避し、香港が民主と自由を維持）、極端な内容であれば、②対決シナリオ（アメリカの制裁によって香港経済は「死」に追い込まれ、ブロック経済化が進む）と二つのシナリオを示していたが、米中の対立は激しくなる一方だ。アメリカは七月二二日、ヒューストンの中国総領事館はスパイ活動と知的財産窃取の拠点だとし、同月二四日までの閉鎖を命じた。中国はその報復措置として、成都のアメリカ総領事館を閉鎖した。香港をめぐる問題は米中の新冷戦を加速させ、②の対決シナリオによって、世界の政治・経済秩序は大転換を迫られることになるのか。

動き続ける香港

香港留学を終え、北京で暮らしている間、私は星野博美著『転がる香港に苔は生えない』（二〇〇一年、文藝春秋）を何度も読んだ。混沌としているが、未曾有の活力が生み出される返還前後の香港を描き、話題になった本だ。香港は「人間が生きるのに楽な街ではない」が、この街に生きる人たちはほとんどが他の土地から流れてきた移民であり、過酷な競争の中でも互いに助け合うことを忘れない。あの時代の香港は、貧富の差があっても、自由で、ダイナミックで、希望があった。

二〇一九年、逃亡犯条例改正案に反対し、香港の民主と自由のために活動した人たちは、さまざまな制限がある中でも、アイデアを出し合い、ソーシャルメディアを駆使し、クリエイティブな社会運動を展開した。倉田明子は、運動に参加する人たちは、理想とすべき議会、法、憲法など、「運動の先」をも議論しており、これは、代議制や選挙制度とは違う次元の民主主義の現れであるのかもしれないと指摘した。*47 しかし、香港の情勢が目まぐるしく変化する中で、希望は失望に、失望は希望に変わり、そして、国家安全維持法が施行されると、暗黒の恐怖政治が始まった。

中国政府と香港の民主派の人たちの間の議論は、全くと言っていいほど噛み合っていない。対話は不可能なのか。

「マターズ」(Matters：関心を抱くこと）というコミュニケーションプラットフォームを運営する張潔平は、全人代が国家安全維持法を直接制定するに至る見込みになった二〇二〇年五月二四日、Facebookにこのように書き込んだ。

「香港はまだ死んではいないでしょう。いいえ、もう死んだの？　もうおしまいだって？八九年の民主化運動は国家安全法がある場所で起こったというのに。南方週末、人権派弁護士、劉暁波、錢理群、艾曉明、胡傑、寇延丁、李志、市民調査、そして無数の私の敬愛する灯台のような役割を果たした人、出来事、行動は、国家安全維持法がある場所で育まれた。彼らは国家安全維持法がない場所で暮らしたことがない。私たちが享受している自由を享受することもなかった。彼らにはそれがお似合いだというのか」

張潔平は香港生まれではない。一九八三年に江蘇省無錫市で生まれ、広東省の中山大学を卒業するまで中国大陸で育った。香港大学ジャーナリズム・メディア研究学部の修士課程で学んだ後、『亜州週刊』の記者、『号外』の副編集長などを経て、ネットメディア『端傳媒』の編集長を務め、現在に至っている。先の引用箇所で彼女が敬愛する人として列挙しているのは、ノーベル平和賞受賞者の劉暁波を筆頭に、迫害を受けながらも、中国の市民社会やメディアを引っ張ってきた学者、作家、ジャーナリスト、活動家、音楽家らの名だ。

彼女の香港社会での位置付けを考えるなら、彼女は「新移民」であるとも言える。これまで見てきたように、新移民には、古くから香港で暮らす人たちが差別的な視線を投げかけることが少なくない。張潔平もプレッシャーを感じることもあるだろうが、「香港人」として、香港の未来のために心血を注いできた。香港、台湾、中国、世界各地の人たちが繋がり、活発に議論できるように、マターズを発展させてきた。基本的人権が著しく侵害されている国から来た彼女は、自由の尊さを身に染みてわかっている。多くの日本人のように、自由を、民主主義を、まるでなくなることのない空気のようには捉えていない。彼女はこうも述べている。

「自由は使うためにある。貯めておくものではない。今ある自由をしっかり活用し、より多くの人を自由にするべきだ」「もしこんなことで生きていけない、天が崩れてなす術もないなどと言うのなら、私の敬愛する、自由を味わったことのない人たちに笑われるだろう。生きるか死ぬかは、私たちの意思次第であって、彼らが決めることではない」

マターズは最近、頻繁にオンライン講演会や討論会を実施している。オンラインでの活動は、新型コロナウィルスがもたらした新しい生活様式においてなくてはならないものになっているが、マターズが際立っているのは、香港、台湾、中国、その他海外にいる中国語話者を幅広く結びつけているという点だ。私も時々、マターズのオンラインのイベントを視聴しているが、二〇二〇年五月八日に行われた「自由主義と愛国主義」の討論会には感動させられた。台湾・中央研究院の銭永祥（チェン・ヨンシャン）、上海・華東師範大学の劉擎（リュウ・チン）、北京・清華大学の周濂（チョウ・リエン）、香港中文大学の周保松という、中華圏の政治哲学分野・中堅リベラルの学者が一堂に会して夜中まで討論を続け、アクセス制限いっぱいの約二〇〇〇人が視聴したのだ。チャットルームには質問やコメントが次々と書き込まれ、参加者同士の討論や情報交換も活発に行われた。

人生の実践として

この討論会をきっかけに、いくつものソーシャルメディアのグループが生まれ、討論会の内容に関して多くの人がエッセイを書き、発信した。この討論会について、周保松が書いた文章の一部の抄訳を、以下に記しておきたい。

国が愛にあふれた家と同じであれば、愛国心は問題にはならない。しかし現実には、国は巨大な権力を持つ政治組織であり、その統治を合理化するために、教育、メディア、社会的操作など、さまざまな有形無形の手段を駆使し、人々に考える余地を与えることなく、権力者が定義する愛国観を受け入れるように要求する。これに同意しなければ、政治的に抑圧され、大きな代償を払

沒有暴徒、只有暴政

急救

うことさえある。香港では近年、「愛国者が香港を統治する」という言葉をしばしば耳にする。政治に参加したければ、「愛国者」とみなされなければならない。「愛国心が強いかどうか」が、敵と友を区別するラベルになり、人の政治的権利さえ決定する。それが香港の現実だ。

私たちは、感情としての愛国心と政治的義務としての愛国心を区別すべきだ。祖国を愛するのは自然な感情だが、愛国心が政治的義務とみなされる場合、愛国心は市民の道徳的、法的責任となる。愛国心がないと、道徳的に非難され、法律的に処罰されるかもしれない。『武漢日記』を書いた作家・方方への攻撃などに見られるように、今日の中国はこの愛国心を強調している。私たちは法律を遵守する義務はあるが、それは愛国的であることとは同じではない。一七世紀のジョン・ロック以来、自由主義の伝統における基本的な考え方において、国家は個人の基本的権利を保護するために存在する。国が愛国心のために、愛する権利を個人から奪ったり、個人の自由と人格に激しく害を与えたりすることは、受け入れられない。

愛国心と、現在の体制を愛することとは、概念的に区別しなければならない。愛国的であることは、現在の体制に対して無条件の忠誠心を持つことを意味しない。この区別をすることによってのみ、愛国心についての議論に熟考と批判の余地が生まれる。

この国は私が愛するに値するものか。私の国はどの伝統を守り、どのような価値を実現すべきか。どのような制度を構築すれば、私は国に対して誇りを持ち、貢献することができるのか。これらの質問は、真の愛国者が答えなければならない質問だ。排他的ないわゆる「愛国心」は、私たちに熟考と批判の余地を与えず、賞賛に値しない。本当に価値のある愛は、合理的な検証に耐え得る理由によって支えられなければならない。
どのような国が私たちの愛に値するのか。この質問に答えるためには、十分な議論と熟考が必要だ。しかし、現実は排外的・排他的な愛国心の強い人が多く、自由に議論できる環境がない。自由主義の目標は、誰もが自由な環境で国との関係について考え、冷静で合理的な市民になることができるように、この状況を変えることだ。
私の考えは理想的だと言われるかもしれないが、今夜は二〇〇〇人が長い時間にわたって真剣に議論し、参加者のほとんどが若者だった。自分の国について気にかけるのは当然のことであり、誰もが自分の国が自由で公正で、人の権利と尊厳を尊重することを願っている。そうであってこそ、私たちの国は私たちの愛に値するものだからだ。議論を通じて、自由主義と愛国心をより深く理解し、何が正しいかについて、自分自身の判断を下すことができるようになるなら、こうした思考によってもたらされる変化は、犬儒的（シニカル）・虚無的（ニヒリスティック）ではない人生の実践だと言える。

（周保松「反思愛国主義」Matters、二〇二〇年七月四日。阿古が抄訳）

周保松も張潔平と同様、中国（広東省）で生まれ育ったが、中国での講演活動は禁じられ、彼の中国版ツイッターの微博（ウェイボ）は閉鎖されている。マターズのオンラインイベントは、彼にとっても、境界を超えた言論空間で互いに思考を深め合い、言葉を紡ぎ出せる貴重な機会であった。周保松は大学教員として、社会実践者として学生たちや市民と対話し、自らデモにも参加し、政治哲学の思索と変革に向けた実践を続けてきた。雨傘運動の時には当局に逮捕もされている。*48

つながるために

ところで、マターズのオンラインセミナーでは、ズーム（zoom）を使っている。オンラインで会議や授業などを行う「新しい日常」において、ズームはなくてはならないツールになっているが、ズーム社は中国政府の要請に応じて天安門事件に関する会議を阻止し、関連アカウントを停止するなど、問題が露呈している。情報漏洩や監視も行われている可能性から使用を控える動きもあるが、マターズがあえてズームを使い続けるのは、中国大陸の人たちも使えるということが最も大きな理由であろう。

どんな環境にあっても、つながりを断たないことで、対立している人たちとまた再び向き合えるようになるかもしれないのだ。

立ち位置が異なる人たちの間で、対話をどのように進めればよいのか。その問いに対する答えは容易には見出せない。思索を続けていた七月三〇日、台湾の李登輝元総統が亡くなった。多くの追悼記事が発信されたが、台湾、日本、アメリカなどと、中国の報道は大きく異なった。言わずもがな、前者は肯定的な内容が多く、後者は否定的な内容が中心だった。

李登輝は、在任中に総統直接選挙を実現し、台湾に民主政治を定着させたとして、民主主義陣営では高く評価されている。白色テロ時代の苦難を経験し、本省人として初めて総統になった李登輝はしばしば「台湾人に生まれた悲哀」（台湾人が台湾を治められない嘆き）と述べていたのが、近年は「台湾人に生まれた幸福」というようになっていた。蔡英文はツイッターに、「李元総統の遺志を継ぎ、〝台湾に生まれた幸福〞を追求し続けます」と書き込み、李登輝を追悼した。李登輝時代に中学に導入された「認識台湾（台湾を知ろう）」は、中国大陸の出来事を中心に教えていた歴史の授業を見直し、台湾の歴史や文化を学ぶ教育を推進した。このような教育の影響もあり、高められた「台湾人意識」は、ひまわり学生運動の原動力になった。

しかし、李登輝時代の後半は中国との関係が緊張した。李登輝は中台関係を「特殊な国と国との関係」（両国論）と位置づけ、中国の反発を招いた。私は一九九八〜九九年、博士論文のための実地調査を上海でしていたが、ホームステイさせてもらっていた家で、毎日のように「両国論」を批判するニュース番組「新聞聯播」を上海の家族とみていた。「新聞聯播」は中央テレビのニュース番組で、日本のNHKの七時のニュースのような位置づけだ。中国のニュース番組は「李登輝は悪い人だ」というイメージを徹底的に叩き込もうとしているようで、頭が痛くなるほどだった。もちろん私は、ニュースを鵜呑みにすることはないのだが、こんなにしつこいのはなぜなのだろうと思っていた。

中国メディアが批判するように、日本の占領下で育ち、日本文化にも精通している李登輝は、ある種、日本を美化しすぎているところもある。李登輝は「自分は日本人だった」と発言しているが、彼のこうした感情はどのように生じているのだろうか。李登輝は、日本の同化政策の下で「岩里政男」と名乗り、京都帝国大学に進学後、陸軍に入隊した。兄は海軍に進み、フィリピンで戦死している。アイデンティティは生活経験や記憶に基づくから、そう感じるのは当然なのかもしれないが、日本統治下で苦しんだ人たちもいる。「日本人」になることを望んでもいないのに、押し付けられたと感じる人もいるだろう。

作家の深田祐介が、一九九九年三月号の『諸君』で李登輝にインタビューしている。江沢民国家主席が一九九八年の来日時、日本の過去の侵略を激しく非難し、「日本人は歴史を認識するべきだ」と多くの視察先で発言したため、日本人は憤慨している、と深田は李に問いかけた。それに対して李は、「確かに五〇年も前の話をいつまでも言い募る必要など、どこにもありません。それに、私は日本よりもむしろ江沢民の〝歴史認識〟にこそ問題があると思っています。なぜなら、日本は戦後五〇年間、平和憲法を遵守し、民主国家を建設してきました。それだけでなく、その平和と民主主義をアジア全体へと広げる努力もしてきた。そういう面を無視して、昔のことを言い続けるのは決して正しい〝歴史認識〟ではない」と応じ、江沢民が個人的な恨みと経験を以って、日本の過去を断罪することは危険だと述べた。

これに対して龍應台は、「中華民国の総統である李登輝が、歴史に対してこのように冷淡な態度であっていいのか。補償することも、慰めることもできない日本の侵略による多くの痛い犠牲がある」と李登輝の歴史観を痛烈に批判した。[*49]

二〇一九年の東京でのイベントで、龍はこう話していた。

「二〇一九年の今日、私たちはまた乱世に突入したという感覚がある。中台関係は不確実性が高まり、不信感と不安の感情がますます強くなっている。私は一〇年以上ヨーロッパに住み、ベルリンの壁とソビエト連邦が崩壊した時も、ヨーロッパの現場にいた。より不安定で不確実な時代に、国民は、市民はどのように耳を傾ける能力を育むか。傾聴することで対話が可能になる。傾聴の能力が平和の基礎を成す。政局を独占する政治家や政党は、不確実の状態を作り出そうとする。不信任と憎悪を作り出すことで、選挙で票を集められる。日本のように、恐ろしい戦争を経験した土地においては、平和そのものが最高の価値を持つものだ。政治家は憎悪を利用して政治的資本を生み出すが、市民は敵と対話することに最も力を尽くすべきだ。比較的重いテーマではあるが」

香港だけでなく、世界中の多くの人たちが中国を「敵」と捉える時代に、私たちは中国とどう向き合えばよいのか。圧倒的な経済力とビッグデータを操る力を誇る「敵」は、あまりにも強大で、中国人だけでなく、他の国の人々の思想をさえコントロールしようとしている。

久しぶりに連絡してきた中国人の友人は、私が香港の国家安全維持法に関するメディアの取材の中で「香港の言論空間が萎縮すれば中国化する」と表現したことに気分を害したようで、「香港は元々中国のものだ」と憤慨していた。香港政府と警察を支持するマリーからは連絡がなく、Facebookでお互いに「いいね」を押すこともなくなった。距離ができた人たちとの間でコミュニケーションが成り立たないという感覚は強まっているが、なんとか知恵を絞り出し、力を尽くして、国と国、人と人を隔てる壁を越えていかなければ。戦争を防ぎ、平和な生活を守るために。人が人として尊厳を持って生きていくことができるように。

我が家にホームステイしていた中国人親子を成田空港で見送った時、私はお母さんに手紙と中国の小さな工芸品を渡した。「中国を離れても、子どもたちには中国の言葉や文化を忘れないで欲しい。生まれ育った母国と、何らかのつながりを持っていて欲しい」そう綴った。

← One IFC
← IFC Mall

おわりに

香港で国家安全維持法が施行されて一ヶ月が過ぎた二〇二〇年八月一〇日、同法違反の容疑で一〇人のメディア人や活動家が逮捕された。逮捕者は、中国共産党政権に批判的な立場を貫く『蘋果日報』の創始者でアメリカの政界に太いパイプを持つ黎智英、その二人の息子、黎智英の経営するメディアグループ「壹傳媒」の幹部ら四人、学生団体「学民思潮」の元メンバーでフリーランス記者の李宗澤（ウィルソン・リー）、政治グループ「香港故事」メンバーの李宇軒、そして、日本ではよく知られている「デモシスト」の元メンバーの周庭である。

二〇〇人以上の警察が一斉に「壹傳媒」の本社に家宅捜索に入り、資料やパソコンを押収し、黎智英らを連行する様子や、周庭が両手を後ろで縛られて自宅から連行される様子を、日本にいる多くの人も憤りを覚えながら見たのではないだろうか。

周庭は、日本に来るたびに、大学や記者クラブなどで講演会や記者会見を開いている。私はいくつかの活動を周庭と一緒に企画・運営し、終了後に、お好み焼きやスイーツを食べに行った。

周庭はカラオケを一人でも楽しみ、嵐の櫻井翔や欅坂46が大好きだ。彼女のたわいもない話を聞いていると、いたって普通の女の子だと感じるが、周庭はたしかに活動家という顔も持つ。

四度目となった八月一〇日の逮捕翌日、深夜に保釈された周庭は、集まった報道陣の前で「今までで一番怖かった、きつかった」と不安な顔を見せつつも、しっかりした口調で次のように話した。「今回（の逮捕は）SNSで国際社会との連携（を呼びかけた）という容疑なんですけれども、正直理由とか証拠を把握していない。今回の逮捕について、いったいどういう理由で、私はどういう形で国家安全（維持）法に違反したのか、まだわかっていないことがたくさんあります。国家安全（維持）法は、まさに政治的な弾圧をするために利用したものじゃないかなと思います」「もともと法律は市民の権利を守るもの。今、香港政府にとって法律は市民の権利を侵害するものになってしまい、とても残念だと思っています」「今後、国際的な連携には参加できませんが、香港人の一人として香港の民主化運動、民主主義、自由のために闘っていきたい」

拘束されている間、周庭の頭の中には、『不協和音』という欅坂46の歌詞がずっと流れていたという。Yesと言わない、絶対沈黙しない、最後まで抵抗を続ける、不協和音を恐れない——日本のアイドルグループが歌う、この力強い抵抗と自由のメッセージソングが、表現の自由さえ失われつつある香港の女性活動家のメンタリティーにぴったりと当てはまった。日本語でソーシャルメディアの発信を続けてきた周庭は日本にファンが多く、日本と香港のサブカルチャーを通した文化的連帯も、香港の民主化運動への関心を高めるきっかけとなっている。周庭の逮捕後、周庭の英語名Agnesを入れたハッシュタグ《#Free Agnes》の発信が急増し、ネット上には彼女の逮捕に抗議し、釈放を求める声があふれた。

日本のメディアは、アイドルのような外見で、日本語で視聴者に直接語りかけられる周庭を「民主の女神」と呼び、追いかけ続けている。彼女は日本に来るたびに多くの取材を受け、国会議員や人権団体の関係者に面会し、睡眠時間を削ってまで分刻みのスケジュールに対応しており、まさにアイドル並みの仕事をしていた。周庭は私に、「日本に来ても観光という観光はしたことがないんですよ」と言っていた。周庭が講演会場の教室に忘れていたビニールの雨傘を、私は「必要ならまた買えばいいかな」と研究室に置いておいたら、彼女は「傘を忘れたから取りに帰らなきゃ」と言う。決して裕福な家で育ったわけではない彼女は、一本のビニール傘をなくすことも惜しいという庶民的感覚を持っていた。「香港の情勢を変えるためには、不動産の高騰や低所得者層の福祉の軽視といった構造的な問題に切り込む必要がある」とも語っていた。周庭は民主化運動のために、国際社会の香港への関心を高めるために、懸命に努力していた。集会結社や言論の自由が認められている社会において、こうしたアドボカシー運動を行うことは何の罪にも当たらないが、国家安全維持法の解釈によって、今後彼女は「外国勢力と結託した」と認定され、有罪となる可能性もある。

周庭の逮捕に加え、権力に切り込む『蘋果日報』のようなメディアに公然と圧力がかかるのを見て、私たちは動いた。大学教員、弁護士、作家、活動家らの有志で、国家安全維持法による逮捕者の釈放、立件・訴追の取り下げ、国家安全維持法の廃止、自由を求める香港の人たちへの弾圧をやめることを求める署名活動を開始したのだ。このような活動がかえって周庭らの立場を危うくするという意見もあったが、私たちの要望は特定の地域の混乱や分裂を求めるものではないこと、周庭らに依頼されたわけでもなく私たちが自発的にやっていること、東アジアに生きる全ての人が平和裏に自由を享受できることは国を越えた共通の願いであることを、声明文の中に明記した。

また、日本政府に対して、非暴力で発言・行動してきたにもかかわらず国家安全維持法違反で逮捕された人たちの、立件・訴追を取り下げるよう、中国・香港政府に公に求めること、香港からの避難民の受け入れのための新たなスキームを導入・整備すること、国連の人権理事会の場で中国・香港政府による人権侵害について討議するよう求めること、国家安全維持法違反やその他の政治犯容疑の捜査は協力を拒否し、中国・香港と締結している捜査共助条約にもとづく証拠の確保や引き渡しには応じないと表明することを要請した。

私はこうした一連の活動をFacebookに投稿したが、それに対して、一〇年ほど前に私の授業を履修していた元教え子で日本に住む中国人の玲（仮名）が、「周庭は卑怯者だ」とコメントしたので驚いた。どういう意味なのか聞くと、「周庭は裏で指示を出して暴力行為を煽っている」「彼女は香港で生じた破壊活動や混乱の責任を負っている」と答えた。さらにその根拠を問うと、「中国メディアが報じている。日本をはじめとする西側のメディアは歪曲した報道をしている」と応じた。彼女のコメントは私のFacebookを見ている他の人たちに火をつけてしまい、四、五日の間、私のFacebookのコメント欄は炎上し続けた。その後玲は、「この議論は長引くので、私の投稿は削除します」と記し、彼女が投稿した全てのコメントを消してしまった。

どの中国メディアが、具体的にどのような証拠で周庭が暴力行為を煽ったと証明し、彼女の責任を追及しているのかを玲は示しておらず、私は彼女の主張には説得力がないと感じた。誰かの責任をソーシャルメディアという公の場で追及するなら、相当な責任を持ってやらなければならない。あらゆる方面から情報を集め、具体的な根拠を示さなければ、勝手な想像や誤った情報をもとに判断することになる。法律の資格や専門知識を持つわけでもなく、裁判官でもないのに、ネット空間で一般の人が特定の人物を激しく非難する現象の広がりを、私たちはどのように捉えるべきだろうか。

新型コロナウイルスの感染拡大の中でも、こうしたいわゆる「私刑」を科す動きや、モラルの欠如を追及する傾向が見られる。感染は気の緩みや不注意にもあるだろうが、十分に注意していても病には感染する。私は自粛期間が明けて、家の前の道路や近所の公園で子どもと遊んでいると、「声がうるさい」と注意したり、「一七時になったから帰りなさい」と勝手に設定したルールを押し付けたりする自警団のような人たちに出会した。なんて寛容さがないのかと感じてしまった。

自分の幼少時を振り返ると、大阪の家の周辺の空きスペースで、日常的に隣近所の人たちがワイワイとおしゃべりをしていた記憶がある。子どもも大人もともに集まり、桜の季節にはゴザを敷いてお花見をし、夏には地蔵盆で金魚すくいやスイカ割りをした。昨今、「私」の領域ばかりを主張し、他者と分かち合う領域は縮小する傾向が強まっている。公共の領域は、設定や使用の方法を決めるために十分な議論が必要であり、面倒がらずにそのプロセスに参与する人が増えなければ発展しない。また、いったん設定された公共の領域も開かれた形で運営されなければ、力のある者や声の大きい人が一方的に使用方法を決めることになってしまう。

地域にも、国家というより大きな公共の領域にも、基本的には同じロジックが適用できるはずだ。「国家の安全」を国民はどう捉えるのか。これは民主的に議論し、考えるべき重要なテーマである。しかし、中国政府が制定した香港の国家安全維持法は定義が曖昧で、国家権力が都合よく解釈し、適用できる内容になっている。周庭はそもそも、「香港の独立」は主張しておらず、一国二制度の範囲内の「高度の自治」を提起してきたが、中国の官製メディアの多くは彼女を「港独分子」（香港独立分子）と書き立てており、その筋の情報を主に見ている中国の人たちは、周庭に悪いイメージを持ち、彼女の行動を好意的に見るメディアや支持者を批判する。

――一方で、世界が一斉に中国を非難するような近年の情勢に、玲も傷ついているのだろうと思う。権力を極度に集中させ、国民の幅広い政治参加を認めない中国共産党の政治体制には、問題があると私は考える。だが本社を中国に置く企業に対して行うアメリカの一部の経済制裁の是非は正直言って、経済の専門家ではない私にはよくわからない。具体的に何が問題なのか。機密だとして開示されない情報が多すぎるし、企業活動がグローバル化する中で、国単位で企業を捉えることは合理的なのか。制裁を自らの政治的都合に合わせて利用している可能性はないのか。

トランプ大統領は二〇二〇年八月六日、動画共有アプリTikTokを運営するバイトダンスと、微信（LINEに似たSNS）などを運営するテンセントの、中国のIT企業二社との取引を同年九月下旬から禁じる大統領令に署名した。企業が中国政府に個人情報を提供するリスクを考えてのことだろうが、突然取引を禁止するのは乱暴すぎないか。地道に協議を重ね、商取引や情報の扱いに関するルールを作ることはできないのか。これらの企業に関わるのは中国人だけではないし、裸一貫で立ち上げたビジネスが政治に振り回されることに、忸怩たる思いをしている人は少なくない。

情報やデータの流れに警戒する必要は当然ある。私の中国の友人は、携帯電話の位置情報で居場所を特定され、警察に拘束された。中国の一部の大学の授業は監視カメラで録画され、「国家分裂の容疑」などの裁判の証拠として提出されている。こうした権力の一方的な監視技術の使用によって、恐怖政治が広まりつつあるのは確かだ。しかし、情報技術はコミュニケーションになくてはならないものであり、そのチャネルを確保することも重要だと感じる。多くの中国の友人たちが日々考えていること、注目しているニュースを発信し、互いに連絡を取るのに使っている微信が使えないとなると、私も彼らとのつながりの範囲は大きく縮小する。

昨今、新型コロナウイルスや政治的緊張の高まりで、中国に関する生の情報を入手する機会は限られている。情報が少ないから、あるいは限られているから、必要以上に相手を怖いと見る部分もある。直接話せば、実際に見れば、疑いや誤解は解消することもあるのに、理解すべきことを理解していないゆえに、恐怖を感じてしまうこともある。

香港情勢がめまぐるしく動く中、私はさまざまな講演会やトークイベントの開催に関わった。デモに関連する、警察と市民の激しい衝突や負傷や死のニュースを前に、心を痛めた。隆々とした筋肉の若い体躯が、一瞬にして鼓動を弱め、地面から動かなくなる様子を見て、どうしてこのようなことになるのかとやるせなくなった。

そんな時に、食道癌で闘病中の私の父が危篤だと知らせが入った。父は大阪で一人暮らしをしていたため、入院前後は私が大阪に行って一緒に過ごし、医師の説明も受けていた。二〇一九年一〇月一〇日、病変部を取り除く手術が無事終了したのを見届け、その翌日、香港に関するシンポジウムの司会をするため東京に戻った。シンポジウムが終わったら、夜行バスでまた大阪に戻ろうと考えていた。その日、麻酔から覚めた父は、面会に来た友人に大きな声で、「もう大丈夫やから、智子に無理して来やんでいい（来なくていい）って言っといて」と話したという。

父の意識がなくなったのは、その直後だった。癌の手術自体は順調だったが、手術直後にできた複数の血栓が肺動脈に詰まったのだ。血栓ができやすいことは医師からも聞いていたが、服薬治療により経過を観察し、手術は可能だということだったのに。生命維持装置につながれた父の体が、香港の道路上で警察と対立し、倒れ込んだ若い男性の体とダブって見えた。骨組みも肉付きもしっかりしていた父の体が突然動かなくなるなんて。私たち子どもも三人がそろうのを待ってくれたのか。かろうじて動いていた父の心臓は、意識がなくなってから約一週間で止まった。

新型コロナウイルスでも、急に重症化して亡くなったというニュースを耳にする。人の生命ははかないものだと、改めて感じた。父の急死に関し、私は多くの疑問を抱き続けた。医師は、血栓ができやすい傾向をどのように把握していたのか。食道を全摘するような手術は、七七才という高齢で肺癌も患った父に適切だったのか。父の癌は、抗癌剤の使用でCTスキャン上は消失していた。医師は癌が再発していないタイミングを見計らって手術した。しかし、抗癌剤は父の体を確実に弱らせていた。もう少し体力が回復してから手術すべきではなかったのか。私は大阪に出向き、医師と面会する度に記録を細かくつけ、耳の悪い父に見てもらって意思を確認し、妹、弟の意見を聞いた上で、手術の同意書類を準備した。果たして私のコミュニケーションのやり方はこれでよかったのか。私はもっと仕事を抑えて、大阪に行くべきではなかったのか。

人の生命を預かるという重圧を感じながら、最善を尽くしてくれた医師を責めるつもりは毛頭なかった。ただ、あまりにも突然の父の死を前に、もっとできることがあったのではないか、間違った判断をしたのではないかとあきらめがつかず、悩み続けた。

私の母は、私が中学三年、妹が中学二年、弟が小学六年の時に卵巣癌で亡くなった。父は証券会社勤務や印刷工場経営を経て、大阪市内でうどん屋を経営していたが、母の闘病に付き添うため店を閉じた。母が亡くなってからは、子どもの様子が見やすいようにと大阪府郊外の自宅の一階を改造し、改めてうどん屋を始めた。我が家の二階には常にうどんの出汁の匂いが充満し、忙しい時間帯になると「ちょっと下りてきて！」と手伝わされることもあった。「私にも自分の時間があるから」と父と喧嘩をしたこともしばしばだった。だが、家庭では亭主関白だった父が、次第に掃除や洗濯をやるようになった。子どもの悩みを聞くのに長い時間付き合ってくれた。こんな風に父は男手一つで、私たち子ども三人を育ててくれた。苦労させたから、もう少し長く生きて欲しかった。

多くの人が親の介護や看病にどのように向き合うか悩んでいる。子どもの教育についてもそうだ。私には現在小学四年生の息子がいるが、毎日のように、子どもを怒りすぎたのではないか、いや、甘やかしすぎではないかと悩む。学校とのやりとりにおいては、「モンスターペアレンツ」にならないよう配慮しながらも、教員の態度が子どもの尊厳を損なっていると感じられる時には反論する。子どもたちの間にトラブルが生じると、自分の子どもだけをえこひいきするのではなく、できるだけ引いた視点で、問題を分析するように心がける。そう考えて、頭ではさまざまなことをシミュレーションするのだが、実際には感情が先立って、対応を誤ったと感じることも少なくない。しかし、子どもたちがサインを出している時に悩みを理解してやれば、引きこもりやいじめを防止できるかもしれない。

ある時、息子のクラスで、転校生による暴力や盗難が度々発生した。小さなことで気分を害されたと、隣の席の子のスネを蹴り、友達の折り紙や文房具を勝手に使った。何が原因だったのかわからないが、クラスで発言力のある女の子とは取っ組み合いの喧嘩になり、彼女の髪の毛をバッサリと引き抜いてしまった。うちの息子も度々蹴られたり、叩かれたりしていたのだが、それなのに「彼女はかわいそうだ」と言う。何がかわいそうなのかさらに聞いてみると、どうやら彼女は日本国籍だが中国出身で、保護者は日本語での会話に苦労しているようだった。

担任の先生に許可をもらって保護者に会うと、両親は、私が質問するのを待たずして、代わる代わる早口で話した。まるで、言いたいことが多すぎて言葉が溢れ出すかのようだった。「自分たちは日本に来て長く経つし、れっきとした日本人なのに、いつまで経っても中国人と言われ、お客さんに〝国に帰れ〟と怒鳴られることさえあるんです」

夫婦は新しい職場や生活環境に慣れるだけでも大変なのに、親が身近にいるわけでもなく、〇歳の乳飲み子から小学三年生までの三人の子どもを、自分たちで育てていた。二人の話から、時間的にも精神的にも全く余裕のない生活を送っていること、中国にルーツを持つ人たちへの差別が深刻であることがよくわかった。担任の先生に事情を話し、暴力では人の関心を得られないことを、根気強く転校生に話してもらい、クラスの子どもたちの状況をより注意深く観察してもらうことにした。


自分の親や子どものことをここで書いたのは、私たちの日々の生活における一つ一つの小さな問題や悩みと真摯に向き合うことが、民主主義や自由を追求することにつながると考えるからだ。

家庭、学校における親と子、教員と生徒の力関係はどうなっているのか。力を持つ者が一方的に意見や考えを押し付けていないか。人間の能力や知識には限りがあり、互いに補い合って議論や問題解決を進めなければならない。では、そのために何をすればよいのか。自由は大切だが、自分の自由を主張し過ぎれば、他人の自由を激しく侵害する可能性もある。どうすれば、他者を思いやりながら、自分を大切にできるのか。身近な問題は、自分の暮らす国の政治や国際情勢と密接に関わっていく。香港で起きていることは他人事ではない。地球環境、貧困、高齢化、新型コロナウィルスに対応する中で、私たちはコミュニケーションや民主主義的な手続きの方法を学んでいる。

皮肉なことに、私は民主主義の国に生まれ育ったにもかかわらず、言論の自由の価値について深く考えるようになったのは、不屈の精神で表現の自由や法の支配を守ろうとする中国の友人たちと付き合うようになってからのことだ。そして、「香港人は強いよ。生きるのはつらいと感じるけど、まだ絶望はしていないんだ」という香港の友人の言葉にもハッとさせられた。私が香港に住んでいたら、突如として多くのものを奪われ、未来に希望を描けなくなっていたのではないだろうか。

最後に本書を執筆する上でお世話になった方々に心から感謝したい。国家安全維持法の施行で注意を払わなければならなくなったため、ここで一人一人のお名前をあげるのは控えるべきなのだろう。各章に登場する人々のお名前は、ご諒解が得られた方々を除き、仮名にさせていただいた。私の頭の中には具体的な顔と名前が浮かんでおり、大変残念ではあるが、香港、台湾で聞き取り調査に協力してくださった方々全てに、お礼を申し上げたい。私の中国出身の教え子たちや、中国の友人たちにも多くのアイデアをもらった。旧豊多摩監獄の正門保存運動を推進する「平和の門を考える会」のメンバーたちは、ともに活動する中で、深く思考するためのヒントを与えてくれた。立教大学の倉田徹先生、台湾・淡江大学の冨田哲先生、台湾・真理大学の永井江理子先生には専門的な見地から貴重なコメントをいただいた。執筆の間、支えてくれた家族にも感謝したい。最後に、香港について書くことを躊躇していた私の背中を押し、本書の出版まで一緒に駆け抜けてくださった十時由紀子さんに感謝申し上げたい。

なお、本書執筆のための調査や編集に関し、東京大学現代中国研究拠点、龍應台文化基金会、日本学術振興会科学研究費助成事業基盤研究A「東アジアにおける正義へのアクセスのためのネットワークガバナンスの検証」（東京大学・佐藤安信教授代表）、同基盤研究C「学びの現場におけるナショナリズムと公共性」（阿古智子代表）の支援をいただいたことをここに記しておきたい。

主要参考文献

小川義照『香港デモ戦記』集英社新書、二〇二〇年
＊リーダーなきデモの現場を活写した貴重な記録
倉田徹、倉田明子編著『香港危機の深層——「逃亡犯条例」改正問題と「一国二制度」のゆくえ』東京外国語大学出版会、二〇一九年
＊逃亡犯条例改正問題で揺れる中、緊急出版された第一線からの研究と報告
倉田徹、張彧暋『香港——中国と向き合う自由都市』岩波新書、二〇一五年
＊イギリスの植民地支配を経て「中国化」に反発する香港の歴史と文化を解説
周保松、倉田徹、石井知章著『香港雨傘運動と市民的不服従「一国二制度」のゆくえ』（社会評論社、二〇二〇年）
＊雨傘運動から逃亡犯条例改正反対デモに引き継がれる香港人の主体意識と市民的不服従を論じている
ジョン・M・キャロル（倉田明子、倉田徹訳）『香港の歴史　東洋と西洋の間に立つ人々』明石書店、二〇二〇年
＊イギリス統治時代から、社会運動が活発化する近年に至るまでをわかりやすく記した香港の通史
銭俊華『香港と日本——記憶・表象・アイデンティティ』ちくま新書、二〇二〇年
＊香港人の中国への反発、「日本」に関わる表象を詳細に分析
星野博美『転がる香港に苔は生えない』文藝春秋、二〇〇一年
＊返還前の香港で悩みつつもたくましく夢を追う香港の人々を描いた
廣江倫子『香港基本法解釈権の研究』信山社、二〇一八年

＊香港基本法第一人者による研究
野嶋剛『香港とは何か』ちくま新書、二〇二〇年
＊社会運動で激動する香港、香港映画や香港と日本・台湾・中国との関係を描き、香港と香港人の未来を展望している
方方（飯塚容、渡辺新一訳）『武漢日記　封鎖下60日の魂の記録』（河出書房新社、二〇二〇年）
＊『方方日記』の邦訳
李怡（坂井臣之助訳）『香港はなぜ戦っているのか』草思社、二〇二〇年
＊香港在住七〇年のベテランジャーナリストによる形骸化する「一国二制度」と高揚する香港人意識に対する鋭い分析
龍應台（天野健太郎訳）『台湾海峡一九四九』白水社、二〇一二年
龍應台（天野健太郎訳）『父を見送る――家族、人生、台湾』白水社、二〇一五年
龍應台（劉燕子、和泉ひとみ訳）『永遠の時の流れに――母・美君への手紙』集広舎、二〇一九年
＊本書で述べたとおりの三部作
廖亦武（土屋昌明、鳥本まさき、及川淳子訳）『銃弾とアヘン』白水社、二〇一九年
＊一般民衆の「暴徒」の視点から天安門事件の真相に迫ったオーラルヒストリー

注

＊1　（『香港に栄光あれ』）広東語『願榮光歸香港』(Glory to Hong Kong)　逃亡犯条例改正案に反対するデモをきっかけに、ネット掲示板ＬＩＨＫＧ（広東語では「連登」と呼ばれる）のメンバーが書き下ろしたとされるテーマソング。香港の「国歌」のように捉えている人たちもいる。

＊2　（通識教育）二〇〇九年に高校の必修となった「通識教育」は、日本の「公民」に近い科目で、生徒に人権、民主主義、環境問題、グローバル化、貧困問題などについて考えさせる。「通識教育」による批判精神は行き過ぎており、中国を醜く描き、対立を生じさせているという見方もあり、親中派の立法会議員らは通識教育の見直しを模索しようとしている。二〇一二年に香港政府が導入しようとした「国民教育」は、愛国心を無理やり植え付けようとしていると若者たちの反発を生み、雨傘運動の引き金となった。

＊3　二〇一九年一一月二四日に投票が行われた区議会議員選挙では、民主派候補が四五二議席中八五％の議席を獲得するという圧倒的勝利を収めた。前回二〇一五年の選挙では、民主派の獲得議席は約四分の一だった。投票者数は二九四万人あまりと有権者の約七一％（前回のほぼ二倍）となった。

＊4　グーグルマップ上の店舗を青や黄に色分けし、事業者の支持傾向が一目で分かるアプリ。多くのユーザーがダウンロードしている「黃藍商戶 地圖」（色分けされた店舗が地図上に示される）など。

＊5　YouTube の動画「震撼全世界的最優秀團隊」（全世界を震撼させる最も優秀な部隊、Outstanding performance from a unit which astounds the whole entire world)
https://www.youtube.com/watch?feature=youtu.be&v=bUpI4_qDRG8&has_verified=1&fbclid=IwAR3VFj23QwmA

＊6 z6IIsZ300iNlIYt8xkZCz38whBEX4OOpQQw23zZsEBQ0tc&app=desktop&bpctr=1583050582
「「禍港四人幫」賣港求榮十四宗罪」『大公報』二〇一九年八月一九日。
http://www.takungpao.com.hk/news/232109/2019/0819/337946.html

＊7 基本法二三条は、中国政府に対する政権転覆や国家分裂を禁止する国家安全条例を制定するよう定めており、董建華行政長官時代に制定が試みられたが、市民の反対は強く、二〇〇三年に五〇万人が参加する抗議デモが発生し、廃案となった。この時の苦い経験ゆえに、中国政府は、後述する国家安全維持法（二〇二〇年六月三〇日施行）の審議を立法会では行わせず、全国人民代表大会で直接決議したのかもしれない。

＊8 「中国当局」という書き方は曖昧だが、ここでは「中国政府の関係筋」というような意味合いで使っている。中国政府の全機関の全ての人が同じ見解を持っているとは限らないが、共産党政権が絶対的な権力を持つ中国においては、政府系メディアや党の機関紙、政府や党の関係機関は、おおよそ同じ立場に立っていると見ることができるからだ。

＊9 イギリスなどの一部の英米法（コモンロー）諸国では、バリスターが法廷での弁論、証拠取り調べ等についての職務を行い、事務弁護士（ソリシター、solicitor）と分業している。事務弁護士は依頼人から直接依頼を受けて、法的アドバイスや法廷外の訴訟活動を行う。「資深大律師」は香港で一〇〇名ほどしかいない。

＊10 （六七暴動）香港の脱植民地意識を考える上で歴史の分水嶺とも言われる事件。一九六七年五月から一二月頃まで続いた。造花製造工場の労使紛争が、文化大革命の最中だった中国に飛び火し、北京、広州では香港の反英運動が起こり、上海ではイギリス総領事館が襲撃された。香港の街頭集会では、「毛沢東語録」を掲げ、中国共産党のスローガンを叫んだという。左派による暴力を批判した放送局キャスターが死亡するなど過激化したが、周恩来首相が抗議活動の中止を命令して、運動は収束した。警察、抗議者、市民の間の衝突で五一名もが亡くなった。

＊11 李柱銘ウェブサイト　http://www.martinlee.org.hk/chi/policy/policy.html

＊12 陳虹瑾「八方風雨 黎智英」『鏡週刊』二〇一九年一〇月一八日
https://www.mirrormedia.mg/story/20191014pol002/

＊13 （労働改造）中華人民共和国成立後の一九五四年、反革命犯（政治犯）とその他の刑事犯を懲罰し、犯人が労働を通じて自身を改造するために「労働改造条例」が施行された。黎智英の母が具体的にどのような事情があって労働改造所に送られたのかはわからないが、当時中国では、地主や富裕層、「反動分子」や「右派分子」などと分類された人たちが送り込まれている。

＊14 https://www.guancha.cn/politics/2020_03_04_539905.shtml

＊15 財新編集部「新型肺炎を武漢で真っ先に告発した医師の悲運――一二月に警告も、当局から処罰され本人も感染」『東洋経済オンライン』二〇二〇年二月七日
https://toyokeizai.net/articles/-/329129

＊16 龔菁琦・金石編「発哨子的人」『人物』（人民出版社、二〇二〇年三月）

＊17 『方方日記』のこの箇所は独立中文ペンクラブのサイトに転載されている。「検験文明尺度的是你対弱勢人群的態度」『独立中文筆会』二〇二〇年二月二四日。https://www.chinesepen.org/blog/archives/144261

＊18 Danny Mok, "Coronavirus: Demosisto member arrested in Hong Kong over sale of 'Not made in China' masks", *South China Morning Post*, May 22, 2020.

＊19 "The People of Hong Kong Will Not Be Cowed by China --- You can arrest us. But more protesters will keep coming out"（香港の人々は中国には脅されない。中国は我々を逮捕したらよい。そんなことをしても、より多くの抗議者たちが活動を続けるだろう）*New York Times*, September 1, 2019.

＊20 （参考文献）台湾・新型コロナ対策について
丘美珍「コロナ危機で活躍、国民の憧れとなった注目の台湾『天才』IT担当大臣はどんな人か」『Nippon.com』二〇二〇年三月六日、https://www.nippon.com/ja/japan-topics/g00837/

＊21 藤重太「台湾のコロナ対策が爆速である根本理由「閣僚に素人がいない」」『プレジデント・オンライン』二〇二〇年四月四日、https://president.jp/articles/-/34226
（外省人）一九四九年の中華人民共和国成立前後、共産党との内戦に敗れた国民党とともに大陸から台湾に渡った人々とその子孫。一九八〇年代に始まった民主化以前は支配層のほとんどを占めていた。

＊22 蘇宏達のFacebook動画。
https://www.facebook.com/2125912397440703/videos/vb.2125912397440703/1434350320040201/?type=2&theater

＊23 「故宮新院長、北部故宮の台湾化方針示す」『中央廣播電台ホームページ』二〇一八年七月一七日。
https://jp.rti.org.tw/news/view/id/88251

＊24 https://tw.news.yahoo.com/蘇宏達事件台大學生會槓校方—趙少康開砲太丟臉了-070739674.html

＊25 Yimou-Lee, I-hwa-Cheng, “Paid ‘news’: China using Taiwan media to win hearts and minds on island”, *Reuters*, August 9, 2019.

＊26 李叔同（弘一大師）（一八八〇—一九四二）天津生まれ（浙江省籍）。僧侶、書家、音楽家、教育家。

＊27 「歴史迷霧中的六張犁——白色恐怖時期乱葬崗保存争議」『報告者』二〇一六年二月二四日

＊28 （苗栗事件）一九一三年に発生した一連の既遂・未遂の武装蜂起事件。

＊29 （西来庵事件）一九一五年、首謀者の余清芳（ユー・チンファン）が西来庵をアジトに抗日武装蜂起を計画。山間部でゲリラ戦を展開するなどし、日本人九五人を殺害した。

＊30 （霧社事件）一九三〇年一〇月二七日、台中州霧社の原住民が中心になって起こした抗日蜂起事件。原住民は、民族の習慣を無視した警察による統治や、製糖会社による土地収奪に反発した。派出所襲撃に始まり、一三〇人以上の日本人が殺された。総督府は軍隊、警察を出動させ、徹底的に弾圧を行った。日本側は討伐のために、同族同士を殺し合わせるなど、原住民を事件後も徹底的に追い詰めた。

*31 二〇二〇年八月二八日、香港メディアは、活動家の周庭らが逮捕された八月一〇日、日本経済新聞がデモへの国際支援を呼びかける広告に関して警察の捜査を受け、後日、関係資料を提出したと報じた。広告は、香港市民らによるクラウドファンディングによって掲載されたのだが、同紙が具体的な団体名を記さなければならないという規定を有していたため、黄之鋒や周庭が所属する政治団体・デモシストが便宜上、名義を貸した。これに対して、警察は国家安全維持法違反の疑いをかけた模様だ。

*32 以下の事例ふくめ、通識教育に関しては、中井智香子「香港の「通識教育科」の形成過程と雨傘運動」『国際教育』第二二巻、二〇一六年、一〇六～一二〇頁を参照。

*33 中井（二〇一六、前出）による引用。香港考試局（二〇〇八）『香港高級程度会考 考試報告及試題専輯』を参照

*34 「与程介明対話——別譲政治奪去教育的霊魂」『香港〇一週報』一七八期、二〇一九年九月二日

*35 「ジョンソン首相、香港の三〇〇万人にイギリス市民権への道示す」『BBC News』二〇二〇年七月二日。

*36 「第十四回国際不動産価格資料指数」『日本不動産研究所』二〇二〇年四月、https://www.reinet.or.jp/wp-content/uploads/2014/06/14th_202006.pdf

*37 澤田ゆかり「香港に見る格差社会の「機会」の変容——若者の社会的階層の移動から」倉田徹・倉田明子前掲書、一五〇～一六五頁

*38 「香港市場時間総額ランキング」『経済メディアStrainer』二〇二〇年七月、https://strainer.jp/companies?hk=true

*39 『National Geographic』二〇二〇年七月三一日、https://natgeo.nikkeibp.co.jp/atcl/photo/16/b/072800016/

*40 谷垣真理子「姿を見せた特別行政区政府：一九九六年の香港」『アジア動向年報』アジア経済研究所、一九九七年

*41 Sum Lok-kei “More than 70 per cent of foreign domestic helpers in Hong Kong work over 13 hours a day, Chinese

University survey shows" *South China Morning Post*, February 13, 2019.

＊42 倉田徹「"一国二制度"の統治と危機――複雑化する政治と社会の関係」倉田徹・倉田明子 前掲書、一一五〜一四七頁

＊43 中国語版が二〇一二年に台湾の允晨文化から、日本語版が二〇一九年に白水社から出版された。

＊44 「香港政府 立法会議員選挙の民主派候補一二人の立候補取り消し」『NHK News Web』二〇二〇年七月三〇日

＊45 （オキュパイ・セントラル）香港の金融・行政の中心である中環（セントラル）を占拠することで政府に圧力をかけ、民主主義を獲得しようという市民運動。二〇一一年九月に起こった「オキュパイ・ウォールストリート」（ウォール街を占拠せよ）にヒントを得て、二〇一三年一月に香港大学法学部副教授だった戴耀廷が提唱した。朱耀明は天安門事件後に中国大陸からの亡命を支援する「黄雀作戦」に関わったことで知られる。香港中文大学副教授の陳健民もこれに賛同し、政府が普通選挙の実現に応じない場合は中環を占拠すると宣言した。その後、普通選挙実現を目指す運動の主導権は学生団体に移り、雨傘運動に発展した。二〇一九年四月二四日、雨傘運動の道路占拠が香港社会に不便と苦難を与えたとして、戴耀廷と陳健民に懲役一年四ヶ月の実刑判決が、朱耀明に懲役一年四ヶ月と二年の執行猶予判決が言い渡された。

＊46 「香港警察、海外の民主活動家六人を指名手配 国安法違反の疑い」『BBC News』二〇二〇年八月一日

＊47 倉田徹・倉田明子、前掲書

＊48 逮捕の経緯や彼の思想は、周保松、倉田徹、石井知章著『香港雨傘運動と市民的不服従「一国二制度」のゆくえ』（社会評論社、二〇二〇年）が参考になる。

＊49 李登輝、深田祐介「アジアには哲人政治がふさわしい」『諸君』一九九八年三月号、二六〜三四頁

164頁上　台北郊外にある台湾・景美人権文化園区。戒厳令が敷かれた白色テロの時代の監獄や軍事法廷を人権学習の場に活用している。2019年3月、撮影・著者

164頁下　2015年4月、旧豊多摩監獄正門前で解説プレートを読む見学者たち。現在は周りに柵が設けられている。「平和の門を考える会」提供。

186頁上　旺角。警察との応戦でレンガが剥がされた歩道は補修中。2019年11月22日、撮影・森上元貴

186頁下　カエルはマット・フェリーの漫画キャラクター「ペペ」。香港のデモ参加者は民主化運動の象徴として使う。「香港を解放せよ、時代革命だ。警察を解体せよ。一刻の猶予も許されない」。2019年12月、撮影・著者

195頁上　黄大仙。2019年8月24日。撮影・森上元貴

195頁下　世界人権デーに合わせて行われた2019年12月8日のデモ。香港の人々は米国旗や英国旗を掲げている。撮影・著者

196頁上　香港島中心部の灣仔（ワンチャイ）。2019年8月23日、撮影・森上元貴

196頁下　商業エリアの銅鑼湾。2019年9月8日、撮影・森上元貴

229頁・カバー裏下　元朗（中国・広東省深圳市の対岸に位置する）。2019年11月21日、撮影・森上元貴

230頁カバー裏上　銅鑼湾。2019年9月8日、撮影・森上元貴

238頁　日本総領事館が入居する中環のビル近くにて。尖閣返還を求める「保釣行動委員会」が設置した、韓国・中国・フィリピンの「慰安婦像」。2019年12月、撮影・著者

カバー・本文の写真について

カバー表　将軍澳（ジャンクベイ沿岸の大規模ニュータウン）。九龍や香港島など中心部だけでなく、新界の新興住宅地にもデモは広がっていた。2019年8月4日、撮影・森上元貴

21頁上　中環（香港島北岸に位置する金融・ビジネスの中心地）のホテルの窓から。教会の後方に高級マンションが見える。2019年12月、撮影・著者

21頁下　長洲（香港島の西にある離島）にて。2019年11月22日、撮影・森上元貴

22頁上　香港大学のメインビルディング。2018年10月、撮影・著者

22頁下　広東式飲茶。米粉で作ったクレープのような皮で具材を包んだ腸粉などがテーブルに並ぶ。2019年12月、撮影・著者

49頁上　天水囲警察署。2019年8月5日、撮影・森上元貴

49頁下　旺角駅前。デモ隊に向けた催涙弾の警告。2019年8月3日、撮影・森上元貴

50頁上　銅鑼湾レノン・ウォール。「黄か青かは政治的意見だ／黒か白かは良知の有無だ／香港を取り戻せ／時代革命だ／（警察の暴力に対する）独立調査委員会を成立させよ／721811（7月21日元朗駅の暴力事件、デモ征圧のビーンバッグ弾で女性が失明した8月11日）／警察の暴力に反対する／逮捕された義士を釈放せよ」2019年8月31日、撮影・森上元貴

50頁下　旺角駅。「TWO China 狗：二つの中国だ、中国の犬やろう」2019年9月6日、撮影・森上元貴

86頁上　立法会。2019年9月2日、撮影・森上元貴

86頁下　旺角駅。「天滅中共：天が中国共産党を滅亡させる」と掲げたデモ参加者が多かったが、これはデモ反対者による張り紙か。「天滅暴徒：天が暴徒を滅亡させる」2019年11月23日、撮影・森上元貴

118頁上　台北の中正紀念堂前。台湾総統選挙に向けた国民党陣営の集会にて。2020年1月、撮影・著者

118頁下　台北市内にて、候補者の選挙カーに声援をおくる民進党支持者たち。2020年1月、撮影・著者

阿古智子（あこ・ともこ）

現代中国研究、比較教育学。1971年大阪府生まれ。大阪外国語大学、名古屋大学大学院を経て、香港大学教育学系Ph.D（博士）取得。在中国日本大使館専門調査員、早稲田大学准教授、東京大学大学院総合文化研究科准教授などを経て、現在同教授。著書『貧者を喰らう国：中国格差社会からの警告』（新潮選書、増補新版）、共著『超大国中国のゆくえ：勃興する民』（東京大学出版会）ほか多数。

香港　あなたはどこへ向かうのか

2020年9月30日　初版発行

著者　阿古智子

カバー写真　森上元貴
装幀　沼本明希子（direction Q）
DTP　江尻智行（トム・プライズ）
校正　鴎来堂

印刷+製本　中央精版印刷株式会社

ISBN　978-4-909895-04-2　C0036
価格　1,500円

発行人　十時由紀子
発行所　出版舎 ジグ
〒156-0043　東京都世田谷区松原1-25-9
FAX: 03-6740-1991　https://jig-jig.com/

jig-04